El mundo en español

LECTURAS DE CULTURA Y CIVILIZACIÓN

Textos originales: José Ángel Gonzalo, José Rueda, Noemí Monge, Aroa Moreno, Isabel Jiménez, Fernando de Bona, Alicia López, Irene Benito, Clara de la Flor, Luciana Ferrando, Susana Santolaria.

Coordinación editorial: Carmen Aguirre
Supervisión pedagógica: Carmen Hernández y Carmen Aguirre
Adaptación de textos: Carmen Hernández y Carmen Aguirre
Autor de "Países hispanohablantes": José Ángel Gonzalo
Glosario en español: Carmen Aguirre
Glosarios en inglés, francés, alemán, italiano y portugués: Terry Berne, Nadia Prauhart, María-Luz Castillo, Francesca Coianiz, Faustino Yañez
Actividades: Ana Rubio, Sonia Bajo y Paula Barbado
Diseño: Clara de la Flor
Maquetación: Tania Parducci
Corrección: Rebeca Julio

Ilustración de portada: Joan Sanz
Fotografías: *Punto y Coma,* Clara de la Flor, Cecilia Moreno-Yaghoubi, Ella Ling, Getty Images, Daniel Ochoadeolza, Teresa Isasi, Mimmo Cattarinich, Macusa Cores, P. Ardizzoni, E. Pereda, Antonio de Bona, Trockmorton Fine Art, Wimbledon, FC Barcelona, Mutua Madrileña Madrid Open, Renault, CITA, Tino Viz (Margen Fotografía), Turgalicia, Instituto Cervantes, Irene Benito, Santiago Flores, Abraham Martínez, Carmen de la Rosa, Instituto Cervantes, Laura Corpa (España), Samuel Mayo (México), José Ángel Gonzalo (Guatemala, Nicaragua, Cuba), Instituto Hondureño de Turismo (Honduras), Instituto Costarricense de Turismo (Costa Rica), Andrés Villa, Autoridad de Turismo de Panamá (Panamá), Mabel Cuesta (Puerto Rico), Daniel Cabrera (Venezuela), Proexport Colombia (Colombia), Freddy Rivadeneira Lascano / Ministerio de Turismo del Ecuador (Ecuador), María Teresa Ardaya (Bolivia), Cristina Otano (Bolivia), Astrid Riehn (Argentina), Jimena Roquero (Sáhara Occidental), INPROTUR (Argentina), Paolo Petrigniani (Argentina), Inma Serrano Esparza (Argentina), Raúl de la Flor (Perú)

Producción y edición de audio: Fernando de Bona
Locución: Javier Páez, Daniel Ramírez, Rosa Puga, Sonia López, Susana Santolaria, María Besant, Jorge Cassino
Música: Ignacio Bona
Estudio de grabación: Habla con Eñe

www.hablaconene.com
ISBN: 978-84-614-7495-0
Depósito legal: M-8340-2011
Impreso en España por Imprimex

El mundo en español

LECTURAS DE CULTURA Y CIVILIZACIÓN

NIVEL
A2

Índice

Introducción didáctica

Entendemos que aprender una lengua es también aprender la cultura de los grupos humanos que hablan en esa lengua y sabemos, además, que el éxito en la comunicación solo puede darse si conocemos los referentes culturales de las personas con las que nos comunicamos.

Por esta razón uno de los apartados principales en el **Plan Curricular del Instituto Cervantes** es el destinado a la enseñanza de los "aspectos culturales, socioculturales e interculturales de España y de los países hispánicos". Se trata de abordar también como materia de enseñanza todo lo relacionado con los productos culturales y las formas de ser, de pensar y de relacionarse de los habitantes del planeta que hablan español.

Pero la enseñanza de estos referentes culturales nos lleva a un inmenso mundo multicultural en el que cualquier intento de secuenciación organizada resultaría inevitablemente parcial y fragmentario.

Así como en las estructuras gramaticales y en el léxico podemos graduar los contenidos de una forma clara, en el aprendizaje de la cultura tenemos que ir aproximándonos poco a poco, al mismo ritmo que vamos elevando nuestro nivel lingüístico. Entendemos que el conocimiento de la cultura y las costumbres de los pueblos de España y América Latina es como un enorme puzle en el que vamos a ir colocando las piezas una a una, de manera aparentemente fragmentada. Pero a medida que este puzle vaya llenándose de piezas irá apareciendo ante nuestros ojos una nueva realidad multicultural con una importante base común: una lengua que nos une a todos.

En este libro presentamos un mosaico de artículos de temas culturales y socioculturales significativos de España e Hispanoamérica que contribuirán a que el alumno se vaya acercando cada vez más a la cultura de los países que hablan español.

Entendemos también que lengua y cultura se ayudan y apoyan mutuamente: cuanto más avanzamos en nuestros niveles de expresión y comprensión más posibilidades tenemos de acercarnos a la cultura de España e Hispanoamérica. Pero al estudiar y profundizar en la cultura de los países que hablan español, estamos también practicando y avanzando en el conocimiento de la lengua. El conocimiento de la cultura es, pues, un objetivo en sí mismo, pero también un magnífico instrumento para avanzar en el conocimiento de la lengua y de las habilidades comunicativas.

Este libro de cultura está especialmente diseñado para trabajar en un nivel A2, y pretende ser un primer escalón en el conocimiento de la cultura de España y de los países que hablan español.

El libro se ha dividido en cinco secciones: "Arte y cultura", que contiene seis lecturas, "Ciencia y sociedad", "Viajes y geografía" y "Tradiciones e historia", que contienen cuatro lecturas respectivamente. A continuación hay una última sección dedicada a presentar la historia, la geografía y los principales aspectos culturales de los países hispanohablantes. En esta sección encontramos varios apartados. El primero está dedicado a España; el segundo a México, en América del Norte; el tercero a América Central y los países del Caribe; el cuarto a América del Sur, y finalmente un quinto apartado presenta la situación del español en el resto del mundo.

Las lecturas han sido elaboradas tomando como base artículos de la revista *Punto y Coma* que han sido adaptados y reducidos de extensión para que puedan ser leídos por un estudiante de nivel A2. Todos los artículos están relacionados con aspectos culturales de España e Hispanoamérica. En ellos se tocan temas culturales de actualidad con un estilo ameno y una presentación muy atractiva. Con esta presentación y este estilo pretendemos invitar a la lectura y dar al estudiante la idea de estar haciendo algo "más ligero y divertido": un respiro y un complemento al libro de texto.

Finalmente, una parte importante del libro es la presentación en audio de todos los artículos que lo integran. Los actores y locutores que participan en el audio son de España e Hispanoamérica y su selección se ha hecho teniendo en cuenta el tema del artículo. De esta manera ofrecemos al alumno una variedad de acentos relacionada con el contenido de lo que está escuchando.

Cómo utilizar este libro

Todos los artículos que aparecen vienen acompañados de una serie de actividades que ponen en juego competencias culturales y empujan al alumno a utilizar estrategias de comunicación.

El objetivo de este libro de "cultura A2" es que los estudiantes lleguen a tener un amplio y variado conocimiento del mundo hispano: ciudades, fiestas típicas, arte, música, representantes del cine y del deporte...; y también que sean capaces de profundizar y hablar en español de algunos aspectos que preocupan a toda la comunidad internacional, como el deterioro del medio ambiente, las redes sociales en Internet, la solidaridad entre los pueblos...

Para la selección de temas se han tenido en cuenta los contenidos propuestos en el Plan Curricular del Instituto Cervantes.

Cada UNIDAD comienza con un texto en el que se señalan determinadas palabras que se presentan en un GLOSARIO explicativo en español (esas mismas palabras aparecen también traducidas a varios idiomas al final del libro). A continuación se plantean preguntas de comprensión centradas en los aspectos culturales. Con ellas se pretende comprobar la comprensión global del texto y profundizar en algunos de los aspectos culturales tratados. Posteriormente se plantearán preguntas relacionadas con el léxico y enfocadas al vocabulario que deben aprender los estudiantes. No hay que olvidar que estamos en un nivel A2, y habrá un vocabulario que aparece en el texto, pero que no es necesario que los estudiantes aprendan. Posteriormente se proponen actividades controladas o semicontroladas sobre determinados contenidos lingüísticos que los estudiantes tendrán que utilizar en las actividades finales de producción libre, tanto de expresión escrita como de expresión oral. Estas primeras actividades serán herramientas para activar los conocimientos de léxico y gramática que después van a necesitar los alumnos en las actividades de puesta en común y debate (expresión oral) y de composición escrita.

Las actividades de conversación y debate tienen un peso muy importante en este libro. Por eso, al seleccionar los temas hemos tenido muy en cuenta su actualidad, interés y atractivo para que fuesen contenidos que generasen y potenciasen el debate.

En la mayoría de los textos se plantea también una tarea que trata de recoger y poner en práctica todo lo aprendido.

Finalmente, señalar que muchas de las actividades presentadas son del mismo estilo y nivel de dificultad que las que se plantean en el examen del DELE (A2), por lo que el libro resulta ser de gran utilidad en la preparación de este examen.

La soluciones de las actividades de este libro las encontrarás en el apartado llamado "Rincón del profesor" en la web de la revista *Punto y Coma*: www.pyc-revista.com. Allí también encontrarás otras sugerencias de explotación didáctica a partir de los textos y actividades planteadas. La puesta en práctica de estas actividades dependerá del país en el que se encuentren los estudiantes y de los conocimientos de estos, o simplemente de otros objetivos que quiera plantear el profesor. Por ejemplo, en el texto "El Camino de Santiago" se puede buscar más información de los caminos existentes, e incluso desarrollar el que ellos harían, que puede variar según estén en Granada, en Londres, en Nueva York o en París.

El mundo en español: lecturas de cultura y civilización es un libro de nivel A2 que presenta múltiples posibilidades de explotación didáctica. Ayuda al estudiante a conocer temas culturales del mundo hispano y, al mismo tiempo, le permite al profesor trabajar en actividades de comprensión y expresión basadas en la realidad sociocultural de España y América Latina. Nuestro objetivo es avanzar en el conocimiento de la lengua y la cultura en español y también favorecer el pluriculturalismo y plurilingüismo para lograr una humanidad más libre y más tolerante.

Arte y cultura

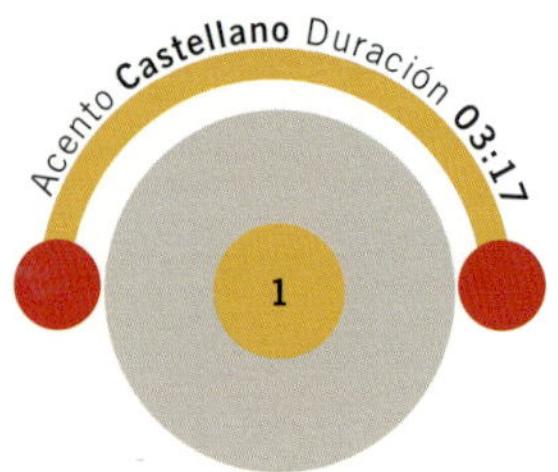

Autor original: Rueda Duque / Punto y Coma
Locución: Javier Páez

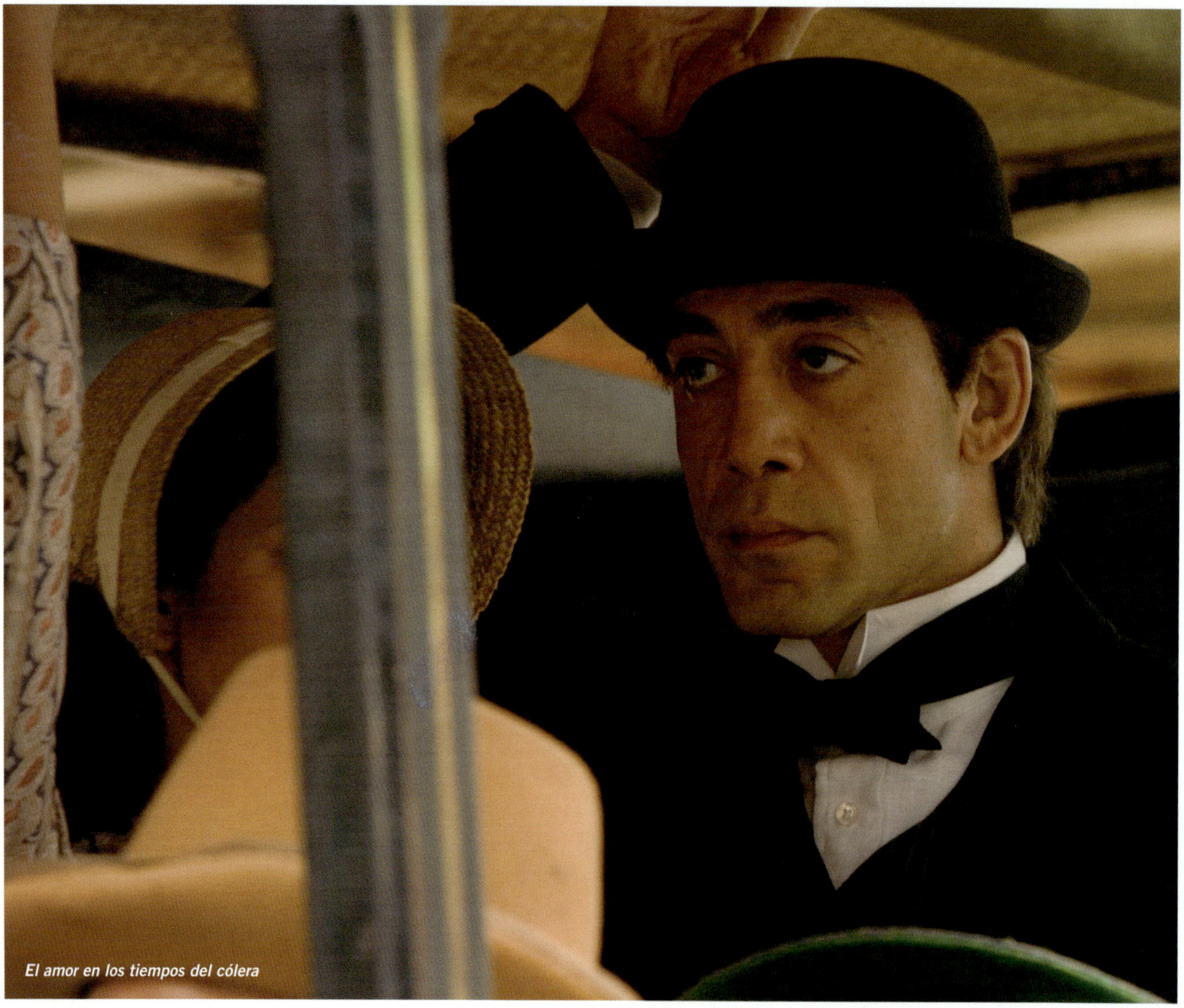

El amor en los tiempos del cólera

Javier Bardem tiene una expresión dura en la cara: tiene la nariz rota y los ojos hundidos[1]. Parece un matón[2] del Bronx o un boxeador de segunda clase o un campesino español. Tiene dignidad, orgullo y talento, una combinación perfecta para ser un gran actor. Ha trabajado con Woody Allen y los hermanos Coen.

Javier BARDEM: TALENTO EN BRUTO

Nació en la isla de Gran Canaria, pero creció en Madrid. Tiene la nariz rota porque hace más de 15 años, un hombre le preguntó su nombre y cuando el actor se lo dijo, el hombre le pegó[3] un puñetazo[4].

Antes de ser actor, Bardem fue jugador de *rugby* y pintor. Javier viene de una familia dedicada al cine. Su madre y sus hermanos son actores, y su tío, el director Juan Antonio Bardem, fue el primer español candidato[5] a un Oscar.

Los primeros papeles que interpretó como actor fueron tipos duros[6] *(Huevos de oro, Perdita Durango)*; y después hizo personajes más tiernos[7] *(Boca a boca, Before the night falls)*.

El actor ya ha hecho más de 30 películas y en España ha trabajado con los mejores directores: Almodóvar, Amenábar, Fernando León y Álex de la Iglesia.

Tiene varias nominaciones al Globo de Oro. La primera fue por la película *Before the night falls*, de Julian Schnabel. En esta película, Javier interpreta[8] al poeta[9] cubano Reinaldo Arenas. También consiguió su primera nominación[10] al Oscar para un actor español con esta película. Además, tuvo una nominación a los Globos de Oro en 2005 por su papel[11] en *Mar adentro*, de Alejandro Amenábar. En 2010 consiguió el premio al mejor actor en el Festival de Cannes por su actuación en *Biutiful*, de Alejandro González Iñárritu. Pero su premio más importante es el Oscar al mejor actor de reparto[12]. Lo ganó en 2008 con *No country for old men*, de los hermanos Coen.

También ha trabajado con Woody Allen en *Vicky Cristina Barcelona*. En esta película trabajó con la famosa actriz Penélope Cruz, que recibió el Oscar a la mejor actriz de reparto por su actuación en esta película. Con ella se casó en julio de 2010 y hoy son una de las parejas más famosas de Hollywood.

Para la industria del cine, Javier Bardem es más importante por su valor[13] como actor que como icono latino. ■

La Bardemcilla

La familia de Javier Bardem también tiene un restaurante en Madrid que se llama La Bardemcilla y los clientes pueden pedir platos que se llaman como sus películas: los "huevos de oro" o el "jamón, jamón".

GLOSARIO ESPAÑOL

1 hundido: metido hacia adentro **2 matón**: hombre que intimida y provoca a los demás, que le gusta pelearse **3 pegar**: dar un golpe a alguien **4 puñetazo**: golpe que se da con el puño **5 candidato**: persona propuesta para conseguir un premio **6 tipo duro**: persona dura y arrogante **7 tierno**: frágil **8 interpretar**: actuar **9 poeta**: escritor de poesía **10 nominación**: propuesta para un premio **11 papel**: actuación, representación **12 mejor actor de reparto**: mejor actor secundario **13 valor**: utilidad, cualidades

ACTIVIDADES DE LENGUA Y CULTURA
JAVIER BARDEM

COMPRENSIÓN

A) Indica si es verdadero o falso, según el texto, y por qué.

	V	F	¿Por qué?
1. Bardem tiene la nariz rota desde que jugaba al *rugby.*			
2. Tiene grandes cualidades físicas para ser un gran actor.			
3. En total ha rodado más de 30 películas.			
4. Al comienzo de su carrera interpretó personajes tiernos y sensibles.			
5. Toda su familia se dedica a la interpretación desde hace décadas.			
6. Ha recibido el Oscar al mejor actor de reparto por su papel en *No country for old men.*			
7. En el mundo del cine se valora su interpretación por encima de su físico.			
8. Javier Bardem es propietario de un restaurante que sirve platos que llevan el nombre de sus películas.			

B) Selecciona los temas que se tratan en el texto y relaciónalos con el vocabulario.

aspecto físico del actor — su vida sentimental — la familia del actor
su actividad política — cualidades artísticas — papeles interpretados
reconocimiento en su trabajo — biografía

VOCABULARIO	TEMA	VOCABULARIO	TEMA
1. talento		7. mejor actor	
2. personajes tiernos		8. orgullo	
3. nominación		9. Gran Canaria	
4. pintura		10. tipos duros	

VOCABULARIO	TEMA	VOCABULARIO	TEMA
5. gastronomía		11. ojos hundidos	
6. Madrid		12. deporte	

C) Ordena las siguientes frases.

1. pero / Nació / en las islas Canarias, / en Madrid. / siempre vivió
2. Antes de / Bardem fue / ser actor / jugador de rugby / y pintor.
3. con la famosa / Javier Bardem / Penélope Cruz. / se ha casado / actriz
4. muy famosos. / ha trabajado / Bardem / con directores

LÉXICO Y GRAMÁTICA

D) Construye frases uniendo las columnas con el conector adecuado.

1. Tiene dignidad, orgullo y talento, una combinación perfecta	en para por pero que y	a. España y en el extranjero con los mejores directores.
2. Nació en la isla de Gran Canaria		b. su interpretación en *Before the night falls.*
3. Antes de ser actor, tuvo otros trabajos		c. se llaman como sus películas.
4. El actor ya ha hecho más de 30 películas dentro		d. creció en Madrid.
5. Consiguió la primera nominación al Globo de Oro		e. fuera de España.
6. El actor ha trabajado		f. ser un gran actor.
7. En el restaurante de su familia se pueden comer platos		g. no tenían relación con el cine.

E) Escribe los verbos entre paréntesis en el tiempo adecuado (presente o pretérito indefinido).

Javier Bardem __________ (1 venir) de una familia de actores: sus abuelos, su madre y algunos de sus hermanos __________ (2 dedicarse) todavía al cine. Javier Bardem __________ (3 ser) el miembro de la familia más famoso en el extranjero.
Antes de dedicarse al cine __________ (4 realizar) muchas actividades: __________ (5 jugar) en la selección juvenil española de *rugby* y __________ (6 estudiar) pintura en la Escuela de Artes y Oficios. Después __________ (7 decidir) dedicarse al cine __________ y (8 estudiar) con Juan Carlos Corazza.

F) Completa con vocales los sustantivos y relaciónalos con el adjetivo correspondiente.

1. __ xpr__ s__ __ n	hundidos
2. n__ r__ z	duro
3. __ j__ s	rota
4. t__ p__	dura
5. f__m __	internacional

COMPOSICIÓN / EXPRESIÓN ESCRITA

G) Utiliza las combinaciones del ejercicio anterior y reconstruye una breve biografía del actor ayudándote con los siguientes verbos: tener, tomar, ser, parecer, llevar, recibir, comenzar.

Javier Bardem ____

____ imparable.

H) Imagina que tienes que realizar una entrevista al actor. Elabora una lista con las diez preguntas más interesantes.

1. ______________________
2. ______________________
3. ______________________
4. ______________________
5. ______________________
6. ______________________
7. ______________________
8. ______________________
9. ______________________
10. ______________________

CONVERSACIÓN / EXPRESIÓN ORAL

I) Para hablar en clase

1. ¿Has visto alguna película de este actor?
2. ¿Qué te ha parecido su interpretación?
3. ¿Crees que su éxito se debe a su físico, a su talento o a la combinación de ambas cosas?
4. ¿Crees que su carrera ha sido más fácil porque viene de una familia de actores?
5. ¿Crees que un actor se hace o nace? ¿El talento es hereditario?
6. ¿El éxito es producto de la suerte o del esfuerzo y el trabajo?

TAREA

Contesta a las preguntas que han hecho tus compañeros a Bardem buscando más información del actor en Internet.

Autor original: José Ángel Gonzalo / Punto y Coma

Locución: Daniel Ramírez

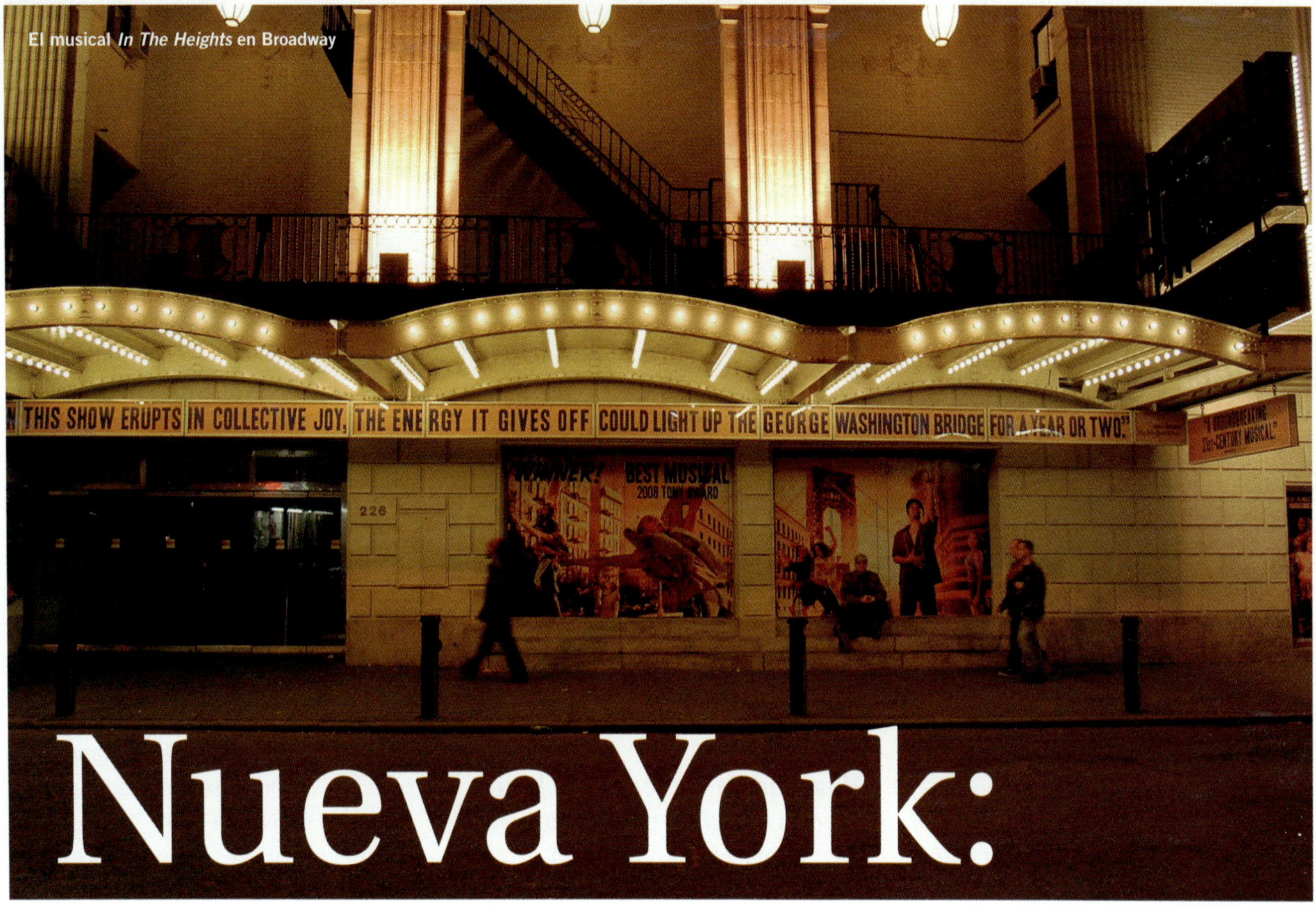

El musical *In The Heights* en Broadway

Nueva York:

CAPITAL CULTURAL LATINA

Hay una nueva definición para describir Nueva York. La ciudad de Nueva York es ahora el centro de la influencia latina en el mundo hispano. En esta ciudad el 25% de la población habla español.

Arte entre rascacielos[1]

Uno de los museos más importantes de Nueva York (NYC) es el museo de El Barrio que se encuentra en la famosa 5ª Avenida y se fundó en 1969. Este museo tiene una importante colección permanente con esculturas[2] y cuadros[3] de famosos pintores españoles, como Goya y Sorolla. Y todos los años desde 1977 celebran una "cabalgata de Reyes[4]" para defender esta antigua costumbre latina frente al popular Santa Claus.

También hay una gran influencia de los artistas latinos en los grandes museos de arte contemporáneo. Un ejemplo es la exposición que se hizo en el museo MOMA del artista argentino León Ferrari y de la creadora brasileña Mira Schendel.

Cecilia Moreno-Yaghoubi

NYC a ritmo hispano

Además, esta ciudad también es muy importante para la canción latina. La ciudad de Nueva York es una parada obligatoria en sus giras[5]. Muchos cantantes hispanos han triunfado en los escenarios de Manhattan: el mexicano José José, "el príncipe de la canción"; Juan Luis Guerra, rey de la bachata y el merengue[6], o el cantautor[7] español Joan Manuel Serrat.

La música latina es muy importante allí y un ejemplo es el grupo musical Aventura. Este grupo está formado por cuatro jóvenes dominicanos que viven en el Bronx y escriben las letras[8] de sus canciones en español, inglés y *spanglish.* Su estilo es una mezcla de sonidos caribeños[9], especialmente la bachata, con otros sonidos más urbanos, como el *R&B (rhythm and blues).* Su mayor éxito ha sido *Obsesión.* De esta canción han hecho más de un millón de copias.

También es muy importante el baile con aire latino. Los teatros ofrecen espectáculos de danza, como el tango o el flamenco. Y muchos centros culturales importantes tienen clases de bailes latinos (salsa, merengue, bachata, cumbia...).

Mass media con carácter latino

Además, algunos periódicos en inglés, como el *Daily News* o el *New York Post,* tienen suplementos con información sobre la cultura latina. Y hay periódicos, como el *Manhattan Times,* que tienen versiones bilingües[10] de todos sus textos. Incluso, en algunos periódicos solo escriben textos en español.

En la televisión y el ciberespacio[11] también hay influencia hispana. En 2003 Time Warner creó un canal[12] de noticias: 24 horas solo en español para la ciudad de Nueva York.

Nueva York es hoy el principal centro cultural de toda América. ■

GLOSARIO ESPAÑOL

1 rascacielos: edificio muy alto **2 escultura:** figura artística hecha con piedra, barro, metal u otro material **3 cuadro:** pintura **4 cabalgata de Reyes:** fiesta popular que consiste en un largo desfile que se hace por las calles en el que van los Reyes Magos para que los niños los vean **5 gira:** serie de conciertos que hacen los artistas en varias ciudades **6 bachata y merengue:** ritmos caribeños, especialmente de Santo Domingo **7 cantautor:** cantante que escribe la letra y la música de sus canciones **8 letra:** (aquí) texto de las canciones **9 caribeño:** del Caribe **10 bilingüe:** en dos lenguas **11 ciberespacio:** espacio de Internet **12 canal:** (aquí) estación de televisión y radio

ACTIVIDADES DE LENGUA Y CULTURA

NUEVA YORK

COMPRENSIÓN

A) Selecciona los cuatro temas que se tratan en el texto y relaciónalos con el siguiente vocabulario, añadiendo al mismo tiempo los artículos determinados adecuados.

arquitectura arte economía medios de comunicación
tradición política música forma de vida

VOCABULARIO	TEMA	VOCABULARIO	TEMA
________ museo		________ canal	
________ creador		________ Reyes Magos	
________ escenario	.	________ gira	
________ cuadro		________ bachata	
________ sonido		________ cabalgata	
________ suplemento		________ letra	
________ exposición		________ cantautor	
________ merengue		________ periódico	
________ colección		________ canción	
________ flamenco		________ tango	

B) Indica si las siguientes afirmaciones son verdaderas o falsas según el texto. Explica por qué.

	V	F	¿Por qué?
1. Un cuarto de la población de Nueva York habla español.			
2. El museo El Barrio, creado hace más de 40 años, expone obras de arte de maestros de la pintura española.			
3. En Nueva York actualmente conviven tradiciones navideñas americanas e hispanas.			
4. El arte contemporáneo latino aún no tiene una gran presencia en Nueva York.			

	V	F	¿Por qué?
5. Todos los artistas que cantan en español saben que es necesario actuar alguna vez en Nueva York para triunfar.			
6. La música latina que se hace en Nueva York es una combinación de lenguas y estilos diferentes.			
7. El *Manhattan Times* es un periódico que escribe solo en castellano.			
8. Actualmente no existe en Nueva York ningún canal de televisión de habla hispana.			

LÉXICO Y GRAMÁTICA

C) Construye frases uniendo palabras de las columnas con el conector o conectores adecuados.

1. Hay una nueva definición	y porque que	a. ha vendido más de un millón de discos.
2. El Barrio es uno de los museos más importantes		b. se encuentra en la 5ª Avenida.
3. Goya y Sorolla están presentes en Nueva York		c. por eso los teatros ofrecen espectáculos de danza latina.
4. Nueva York es ahora una de las ciudades más importantes para la música latina		d. el museo El Barrio posee una colección permanente de sus obras.
5. *Obsesión* es el mayor éxito del grupo musical Aventura		e. describe Nueva York: NYC.
6. El baile latino es muy famoso		f. Manhattan es una parada imprescindible en la gira de muchos cantantes hispanos.

D) Completa los sustantivos con las vocales adecuadas y relaciónalos con un adjetivo.

1. __nfl__ __nc__ __	permanente
2. m__nd__	contemporáneo
3. c__l__cc__ __n	culturales
4. p__nt__r__s	bilingües
5. __rt__	latina
6. gr__p__	hispano
7. c__ntr__s	famosos
8. v__rs__ __n__s	musical

COMPOSICIÓN / EXPRESIÓN ESCRITA

E) ¿Has estado alguna vez en Nueva York? ¿Qué más sabes de esta ciudad? Escribe un texto de entre 80 y 100 palabras relacionándolo con uno de estos títulos.

Arte entre rascacielos	La Gran Manzana	Destino: NYC

F) Relaciona las fotos con los nombres de algunas de las siguientes ciudades: Nueva York, Viena, Madrid, París, Moscú, Londres, Roma, Berlín, Pekín, Pisa.

a)

b)

c)

d)

e)

f)

g)

h)

i)

j)

Construye frases como en el ejemplo.

1. Creo que la foto ´a` es de ____________________ porque ____

G) Selecciona una ciudad y escribe un breve fragmento sobre lo que sabes de ella (entre 30 y 40 palabras).

CONVERSACIÓN / EXPRESIÓN ORAL

H) Para hablar en clase

¿La ciudad en la que vives es multicultural? ¿Cuántas nacionalidades conviven en ella?
¿Hay influencia de esas culturas en el día a día de tu ciudad? ¿En qué vemos esas influencias?
¿Cuál es la cultura extranjera que más te atrae? ¿Por qué?
¿Crees que la mezcla de culturas enriquece una ciudad? ¿Cómo?
¿La mezcla de culturas es necesariamente positiva o tiene algún aspecto negativo? ¿Cuáles son los positivos y cuáles los negativos?

TAREA

Busca en YouTube la canción *Obsesión* del grupo musical Aventura. ¿Sabías que esta canción tiene ritmo de bachata?

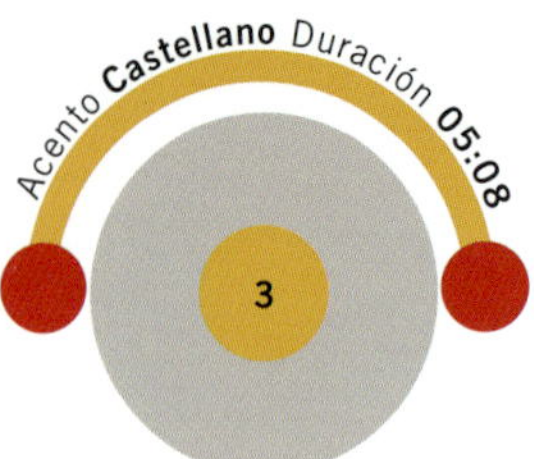

EL GUERNICA DE PICASSO:

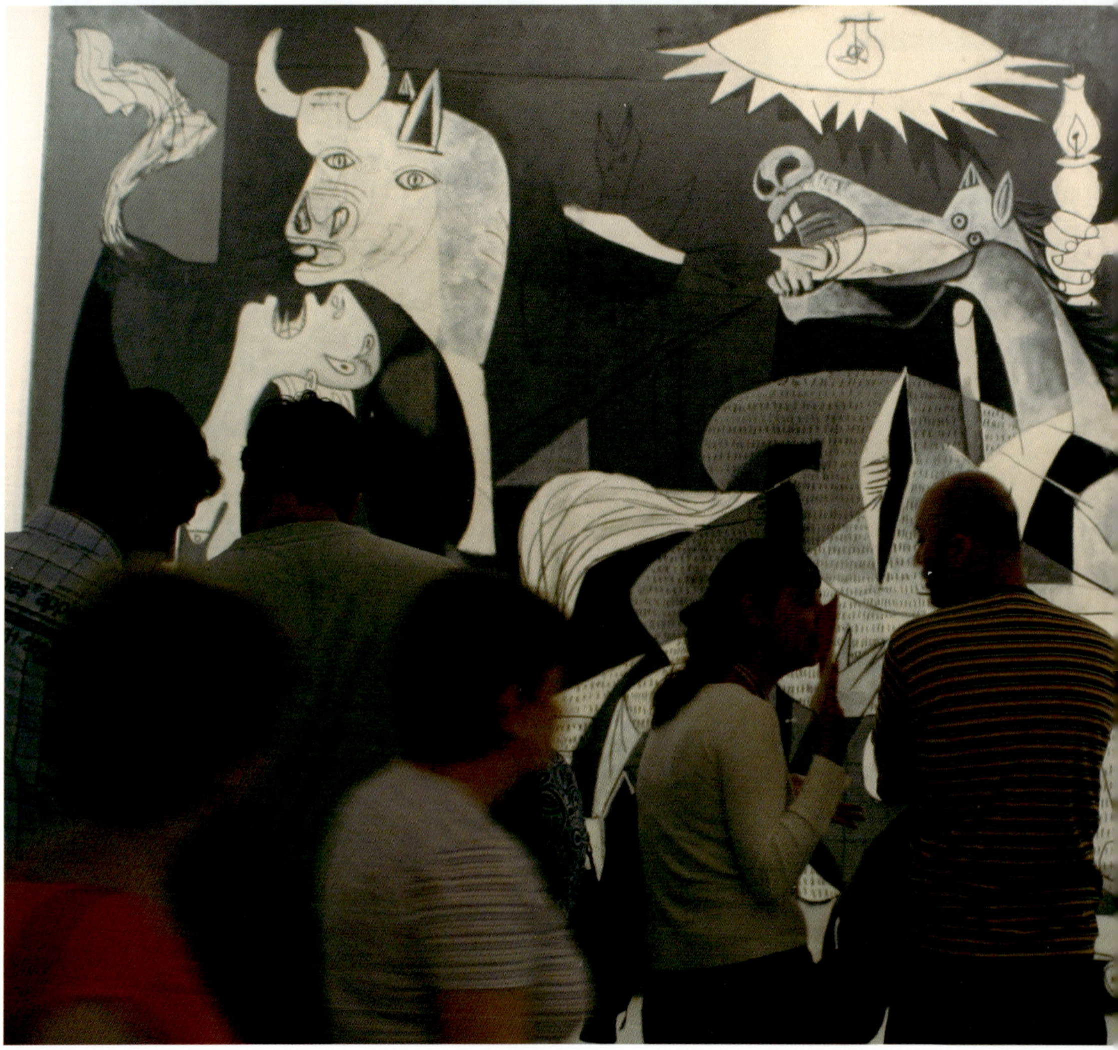

El *Guernica* en el Museo Reina Sofía de Madrid

Autor original: Noemí Monge / Punto y Coma
Locución: Rosa Puga

historia de un cuadro

El cuadro de *Guernica* que pinta Pablo Ruiz Picasso en 1937 es hoy un símbolo internacional de los movimientos pacifistas.

Guernica: el dolor de la guerra

Un caballo muriendo, una mujer dentro de un edificio en llamas, una madre con su hijo muerto, un toro... son los protagonistas de una de las obras más importantes de la historia del arte universal: *Guernica,* del pintor Pablo Ruiz Picasso (Málaga, España 1881- Mougins, Francia 1973).

A principios del año 1937, el Gobierno republicano de España encarga[1] al artista malagueño[2] un mural para decorar el pabellón[3] español en la Exposición Internacional de París.

En ese momento en España hay una guerra civil que empieza en julio de 1936 y termina en marzo de 1939. Las tropas del general Franco luchan contra el legítimo[4] Gobierno de la República española.

Bombardeo[5] sobre el pueblo de Guernica

El cuadro refleja el bombardeo del 27 de abril de 1937. La Legión Cóndor alemana junto con el Ejército de Franco bombardeó durante más de tres horas la población vasca[6] de Guernica. El ataque destruyó el 70% de los edificios, el pueblo entero se incendió y murieron más de 1.600 personas. Entre los pocos lugares históricos que resistieron el ataque se encuentra el llamado "Árbol de Guernica".

En aquel momento Picasso vivía en París. Esta trágica noticia inspiró a Picasso para pintar uno de sus más famosos cuadros: el *Guernica.*

Museo Reina Sofía

Enseguida[7], el artista comenzó a trabajar y el 4 de junio terminó este cuadro de gran tamaño: 349,3 cm de alto por 776,6 cm de ancho. Los colores que utiliza son el blanco y el negro, y algunos grises y azules. En un principio trataba de mostrar el horror que vivió la población de Guernica; pero como no hay ningún escenario[8] concreto, con el paso del tiempo, el cuadro se convierte en un símbolo contra la guerra. Los elementos que aparecen en el cuadro reflejan el sufrimiento: la luz de una pequeña lámpara nos descubre el grito desesperado de una madre tras la muerte de su hijo, un brazo sostiene una espada[9] partida[10] y una flor, una cabeza entra por la ventana e intenta ponerse a salvo[11] de las bombas, un caballo y un toro sufren las heridas del ataque... La sensación de claustrofobia es muy grande porque todo transcurre[12] en una pequeña habitación donde cada uno busca desesperadamente auxilio[13] y consuelo[14].

Un cuadro con mucho movimiento

Al terminar el cuadro, Picasso dijo que debería estar en el Museo del Prado de Madrid. En ese momento él era el director del museo, aunque estaba en París por causa de la guerra. Cuando la Exposición Universal de París terminó, el cuadro viajó por Europa, pero empezó la II Guerra Mundial y el *Guernica* fue al MOMA de Nueva York. Hasta el año 1981 no pudo regresar[15] a España. Estos viajes estropearon algo el cuadro, ya que tenía que doblarse[16] para sus traslados[17] porque era un cuadro muy grande. Actualmente, el *Guernica* se encuentra en la exposición permanente del Museo Nacional Centro de Arte Reina Sofía de Madrid, aunque no descansa tranquilo. En 1997, el Museo Guggenheim de Bilbao reclamó[18] el cuadro para incluirlo en su colección. La polémica[19] finalizó cuando el informe técnico aclaró que el traslado podía perjudicar[20] gravemente el delicado[21] estado de la pintura. ■

GLOSARIO ESPAÑOL

1 encargar: pedir hacer un trabajo o traer un objeto a alguien que acepta ese compromiso **2 malagueño:** de Málaga (ciudad de Andalucía, en España) **3 pabellón:** (aquí) zona en una exposición **4 legítimo:** legal, verdadero **5 bombardeo:** acción de bombardear, de tirar bombas **6 vasco:** del País Vasco (en el norte de España) **7 enseguida:** inmediatamente después **8 escenario:** lugar en el que tienen lugar los hechos **9 espada:** arma de metal larga que se sujeta con la mano **10 partido:** roto **11 ponerse a salvo:** refugiarse, colocarse en un lugar en el que no hay peligro **12 transcurrir:** ocurrir **13 auxilio:** ayuda **14 consuelo:** acción de ayudar, comprender y compartir con alguien su dolor, así la persona siente menos su pena **15 regresar:** volver **16 doblarse:** plegarse sobre sí mismo para reducir la superficie **17 traslado:** cambio de residencia **18 reclamar:** exigir lo que uno considera que es suyo **19 polémica:** enfrentamiento de posturas y opiniones **20 perjudicar:** dañar **21 delicado:** frágil, débil

ACTIVIDADES DE LENGUA Y CULTURA

EL GUERNICA DE PICASSO

COMPRENSIÓN

A) Indica si las siguientes afirmaciones son verdaderas o falsas.

	V	F	¿Por qué?
1. Picasso quiso mostrar en el cuadro el horror de la guerra.			
2. Picasso nació en Francia.			
3. El *Guernica* fue un encargo.			
4. En la actualidad el cuadro es muy delicado y está algo estropeado.			
5. El *Guernica* nunca estuvo en Estados Unidos.			
6. Picasso fue director del Museo del Prado.			
7. El *Guernica* es hoy un símbolo pacifista.			

B) Ordena los siguientes datos por orden cronológico.

a. El cuadro vuelve a Madrid.
b. Bombardeo en el pueblo de Guernica.
c. Comienza a pintar el cuadro.
d. Comienza la Guerra Civil española.
e. El cuadro viaja al MOMA de Nueva York.
f. Piden a Picasso pintar un cuadro para la Exposición Internacional de París.
g. El cuadro viaja por Europa.
h. Muere Picasso.

LÉXICO Y GRAMÁTICA

C) Fíjate en el famoso cuadro del *Guernica* que está en el texto. Tal y como has leído, el cuadro está lleno de símbolos. ¿Qué simbolizan los siguientes elementos: el caballo, la flor, la mujer, el toro, la paloma, el soldado muerto?

el dolor	la paz	la esperanza	soldados que mueren por sus ideales
	el mal / fascismo	víctimas inocentes de la guerra	

El toro simboliza ______________________
La paloma simboliza ______________________
El soldado simboliza ______________________
El caballo simboliza ______________________
La flor simboliza ______________________
La mujer simboliza ______________________

D) Completa la biografía de Picasso colocando los verbos que aparecen entre paréntesis en pretérito indefinido.

Pablo Ruiz Picasso (1 nacer) ____________ en Málaga el 25 de octubre de 1881. (2 tener) ____________ dos hermanas: Dolores y Concepción. (3 empezar) ____________ a pintar cuando era un niño. En 1895 (4 trasladarse) ____________ con su familia a Barcelona y allí (5 estudiar)____________en la Escuela de Bellas Artes. En 1897 (6 irse) ____________ a Madrid y en 1900 (7 viajar) ____________ a París y allí (8 conocer) ____________ a otros artistas de la época. Picasso (9 casarse) ____________ muchas veces y (10 tener) ____________ varios hijos. Picasso, junto a George Braque y Juan Gris, (11 ser) ____________ uno de los creadores del cubismo. (12 morir) ____________ en Mougins, en 1973.

E) Construye frases uniendo las palabras de las dos columnas. Utiliza el conector adecuado.

1. El Árbol de Guernica es un símbolo	**pero** **y** **que** **porque**	a. ha estado en muchas partes del mundo.
2. Pablo Picasso era español		b. vivió muchos años en Francia.
3. La Guerra Civil española empezó en el año 1936		c. corre un gran riesgo de estropearse.
4. El *Guernica* es un cuadro		d. resistió el bombardeo.
5. El cuadro no se puede mover del Museo Reina Sofía		e. terminó tres años más tarde.

F) Construye frases uniendo las columnas con la preposición adecuada.

1. Picasso se casó	con desde de en	a. que era un niño.
2. Se fue de España y murió		b. varias mujeres.
3. A Picasso le gustaba pintar		c. otros pintores del siglo XX.
4. Fue amigo		d. un periódico.
5. Picasso vio la noticia del bombardeo de Guernica		e. Francia.

COMPOSICIÓN / EXPRESIÓN ESCRITA

G) Ahora que sabes más sobre el *Guernica* y sobre Picasso completa esta carta a un amigo.

Hola Mike,
Ayer fui al Museo ______________ y vi el cuadro del *Guernica.* Picasso lo pintó en ______________ cuando en España había una ______________. En el cuadro hay muchos símbolos, por ejemplo: ______________________________.

El *Guernica* viajó mucho porque en España ______________. Estuvo en ______________. Cuando Picasso pintó el cuadro era el director del ______________, pero vivía ______________. Es un cuadro importante porque se ha convertido en un símbolo ______________. Me gusta / no me gusta el *Guernica* porque ______________.

H) Escribe sobre tu cuadro preferido, explica de qué pintor es, cómo es y por qué te gusta. Utiliza entre 30 y 50 palabras.

CONVERSACIÓN / EXPRESIÓN ORAL

I) Para hablar en clase

Haced grupos de tres o cuatro personas para seleccionar un cuadro de Picasso. Buscad información sobre ese cuadro y preparad una presentación oral para vuestros compañeros. En la presentación no se debe olvidar: breve historia del cuadro, época en la que se pinta, momento artístico del pintor, características del cuadro, símbolos, luz, color...

NO HAY TRES SIN DOS®

Autor original: Rueda Duque / Punto y Coma
Locución: Susana Santolaria

LAS MUJERES EN EL CINE DE ALMODÓVAR

En el cine, Almodóvar sabe transmitir obsesiones[1] y emociones de una manera muy original y creativa. Y sabe presentar perfectamente el universo femenino.

Carmen Maura y Penélope Cruz en *Volver*

Pedro Almodóvar nació en Calzada de Calatrava, un pequeño pueblo de La Mancha, en 1949. De pequeño[2], Pedro Almodóvar escuchaba a su madre, Paquita Almodóvar, cuando les leía las cartas a las mujeres de su pueblo que no sabían leer. Su madre leía las cartas con fantasía y completaba las aventuras, romances[3] y tragedias de las cartas. Y Pedro Almodóvar escuchaba y aprendía a contar historias y a explicar la verdad con mentiras.

Almodóvar vive muy unido a su madre y a sus hermanas; y por eso, los personajes femeninos de sus películas son fuertes y positivos, y suelen ser superiores a los masculinos. Y los personajes masculinos son inseguros, suelen ser violentos o idiotas y no saben dominar sus celos[4] o sus complejos[5]. Normalmente en sus películas las mujeres son valientes y los hombres cobardes.

Películas de mujeres

Almodóvar es un excelente director de actrices. Sus películas tienen protagonistas femeninos porque piensa que la mujer transmite las emociones de una manera muy especial. Muchas actrices son famosas porque han trabajado en sus películas: Carmen Maura en su primera etapa[6], Victoria Abril en los noventa y Penélope Cruz más recientemente. Ellas son ahora las mejores intérpretes españolas de la actualidad.

En 2006 Penélope Cruz hace el mejor papel de su vida en la película *Volver:* una madre fuerte, segura y decidida que solo tiene la ayuda de su hija y de su hermana. *Volver* es una historia de mujeres que se quieren y se respetan[7], de hermanas que se necesitan, de madres e hijas que se comprenden y se completan[8]. Almodóvar también refleja en esta película sus orígenes manchegos. Las casas blancas, los patios[9], los funerales[10] entre vecinas, la comida, los olores, la doble moral, el machismo y el sonido de los besos son recuerdos de su infancia. El humor

GLOSARIO ESPAÑOL

1 obsesión: idea que no nos podemos quitar de la cabeza **2 de pequeño:** cuando era pequeño **3 romance:** (aquí) historia de amor **4 celos:** sentimiento de dolor, inseguridad y traición porque se piensa que la persona a la que queremos quiere a otra **5 complejo:** sentimiento de inferioridad **6 etapa:** fase, periodo de tiempo en el que se da una determinada característica **7 respetar:** tratar a una persona con amabilidad y permitiendo que use su libertad **8 completar:** unir o añadir a una cosa lo que le falta **9 patio:** espacio interior en un edificio que está al aire libre, que no tiene techo **10 funeral:** celebración religiosa que se hace cuando alguien ha muerto

Victoria Abril y Antonio Banderas en *Átame*

Victoria Abril en *Tacones lejanos*

Mujeres al borde de un ataque de nervios

Cecilia Roth en *Todo sobre mi madre*

negro[11], la intriga[12] y el drama se mezclan con lo sobrenatural[13] para presentar a una familia con graves problemas. Sus seis actrices protagonistas recibieron el premio a la mejor interpretación femenina en el Festival de Cannes.

En esta película podemos ver dos características que son típicamente femeninas para Almodóvar: la solidaridad y la capacidad de sufrir. Esto también es la idea central de una de sus más famosas películas: *Todo sobre mi madre* (1999), que gana[14] el Oscar a la mejor película extranjera en el año 2000. En el discurso de agradecimiento[15], Pedro Almodóvar recuerda a su madre y a sus hermanas, que son muy religiosas, y recita la lista de santos a los que sus hermanas rezan[16] los días anteriores a la ceremonia de los premios[17] Oscar.

Otro de los temas de sus películas es la comunicación entre sexos. Por ejemplo, en *Hable con ella,* los personajes masculinos no saben comunicarse ni física ni emocionalmente con las mujeres. Sin embargo, en *Volver,* los personajes femeninos de tres generaciones se comprenden y se ayudan hasta lo imposible[18] para superar las dificultades.

Pedro Almodóvar es reconocido internacionalmente como un gran director porque su humor no es muy convencional[19] y porque cuenta las historias de una manera muy natural, pero sobre todo, porque comprende a las mujeres. ■

GLOSARIO ESPAÑOL

11 humor negro: humor que se basa en la desgracia de los demás **12 intriga:** sentimiento de nerviosismo que se produce cuando no sabemos lo que va a pasar **13 sobrenatural:** espiritual, algo que no existe en este mundo **14 ganar:** conseguir, obtener **15 discurso de agradecimiento:** palabras que se dicen ante muchas personas para dar las gracias por algo **16 rezar:** decirle a Dios una oración **17 premio:** aquello que se gana por haber sido el mejor en hacer algo **18 ayudar hasta lo imposible:** ayudar todo lo que se puede, ayudar muchísimo **19 convencional:** algo a lo que estamos acostumbrados, algo normal

ACTIVIDADES DE LENGUA Y CULTURA

LAS MUJERES EN EL CINE DE ALMODÓVAR

COMPRENSIÓN

A) Señala los temas que, según el texto, trata Almodóvar en sus películas.

la comunicación entre hombres y mujeres	las prisiones	el racismo
las mujeres españolas del siglo XX	el humor negro	las religiones
las injusticias cometidas con las mujeres en el mundo	La Mancha	la mujer
la dictadura española	el humor español	la vida de su madre

B) Completa las siguientes frases.

1. Las mujeres del pueblo que no sabían leer pedían ayuda a la madre de Pedro Almodóvar para ______________________
2. Los personajes femeninos de sus películas suelen ser superiores a los masculinos porque ______________________
3. Lo que tienen en común las actrices que han trabajado con Almodóvar es que ______________________
4. Almodóvar recordó a su madre, a sus hermanas y a todos los santos que rezaban cuando ______________________
5. Lo mejor que hace Pedro Almodóvar en sus películas es ______________________

LÉXICO Y GRAMÁTICA

C) Según el texto, para Pedro Almodóvar su madre y sus hermanas son muy importantes. ¿Recuerdas el léxico sobre la familia? Une las siguientes palabras con su significado.

1. sobrino	hijo del hijo/a
2. cuñado	marido de la hija
3. yerno	hijo del tío/a
4. suegra	marido de la hermana
5. nieto	hijo del hermano/a
6. primo	madre del esposo/a

D) Aquí está la familia imaginaria de Pedro Almodóvar. Completa las siguientes frases.

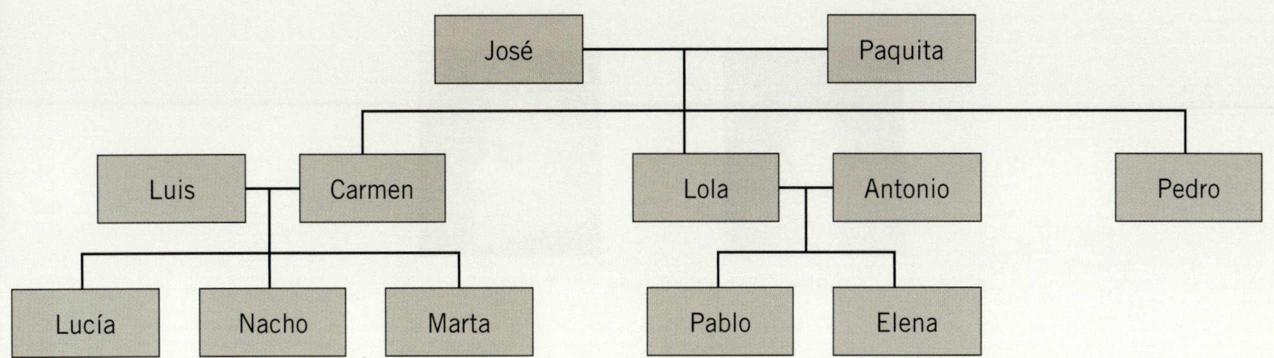

1. Nacho es el ______________________ de Pablo y Elena.
2. Pedro es el ______________________ de Lucía, Nacho, Marta, Pablo y Elena.
3. Paquita es la ______________________ de Lucía, Nacho, Marta, Pablo y Elena.
4. José es el ______________________ de Carmen, Lola y Pedro.
5. Antonio y Luis son los ______________________ de Pedro.
6. Pedro es el ______________________ de Carmen y Lola.
7. Paquita es la ______________________ de José.
8. José es el ______________________ de Luis y Antonio.

E) Mira las fotos de Carmen Maura, Victoria Abril y Penélope Cruz. Forma frases haciendo descripciones físicas con los verbos: ser, tener y llevar. **Puedes utilizar las siguientes palabras:** ojos grandes, pelo rizado, castaña, flequillo, pelo liso, boca grande, morena, pelo largo, melena, cara de pena, pelo recogido.

Carmen Maura

Victoria Abril

Penélope Cruz

1. ____
2. ____
3. ____
4. ____
5. ____
6. ____

F) Fíjate en las fotos de Pedro Almodóvar y describe cómo era antes (utilizando el pretérito imperfecto) y cómo es ahora.

Antes

Ahora

1. ______
2. ______
3. ______
4. ______
5. ______
6. ______

COMPOSICIÓN / EXPRESIÓN ESCRITA

G) Imagina que estás entrevistando a Pedro Almodóvar. Escribe las preguntas o respuestas para completar la conversación con Almodóvar.

P ______
R Muy bien, gracias.

P ¿Qué película está haciendo ahora? ¿Qué tema tiene?
R ______

P ¿Cómo te sentiste cuando ganaste el Oscar en el año 2000?
R ______

P ______
R Voy a trabajar con Penélope Cruz y Javier Bardem.

P ¿Cómo es Penélope Cruz?
R ______
Muchas gracias Pedro. Hasta luego.

H) En la película de *Volver* se reflejan los recuerdos de la infancia de Pedro Almodóvar en La Mancha: las casas de los pueblos con sus patios, los funerales, las conversaciones entre vecinas, los olores... Escribe un breve texto (entre 80 y 100 palabras) y cuenta algún recuerdo de tu infancia.

CONVERSACIÓN / EXPRESIÓN ORAL

I) Para hablar en clase

1. El texto nos dice que los personajes femeninos de las películas de Almodóvar son fuertes, valientes y positivos. Y los personajes masculinos son inseguros, violentos y cobardes. ¿Crees que hay algo de verdad en esta opinión? Habla de esto con tus compañeros.
2. ¿Has visto alguna película de Pedro Almodóvar? Dile a tus compañeros si te gustó y por qué.
3. ¿Qué piensas de sus personajes?
4. ¿Qué parecidos y diferencias encuentras entre tres de sus actrices: Carmen Maura, Victoria Abril y Penélope Cruz?
5. ¿Crees que Pedro Almodóvar trata ahora los mismos temas que en sus primeras películas?
6. ¿Qué tipo de películas te gustan? ¿Cuál es tu película favorita? ¿Quién es el actor o actriz que más te gusta?

TAREA

Aquí tenéis tres viñetas de cómic que representan la secuencia de una película. Esta secuencia está tomada de una de las más famosas películas de Almodóvar, *Mujeres al borde de un ataque de nervios.* Haced grupos de tres y escribid el guion de esta secuencia. Este guion debe explicar la situación y deben aparecer los pensamientos de la mujer que aparece sola y los diálogos de la pareja (el hombre y la mujer).

Una pequeña ayuda: la señora que aparece en la primera viñeta es la mujer o esposa del señor que está con otra mujer en la segunda y la tercera viñeta.

Situación: ____

____

Viñeta 1 (monólogo)
Palabras de la señora: ____

Viñeta 2 (diálogo)
Palabras del hombre: ____
Palabras de la mujer: ____

Viñeta 3 (diálogo)
Palabras del hombre: ____
Palabras de la mujer: ____

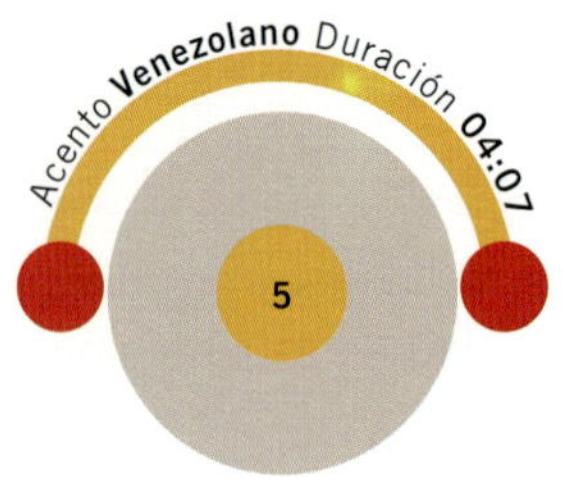

Autor original: Aroa Moreno / Punto y Coma
Locución: Sonia López

Gabriel García Márquez:
OCHENTA AÑOS CONTANDO HISTORIAS

García Márquez escribió *Cien años de soledad.* Es el escritor más traducido de la literatura hispanoamericana. En 1982 recibió el Premio Nobel de Literatura.

Aracataca, 1927

Gabriel García Márquez nació el 6 de marzo de 1927 en Aracataca. Sus primeros años de vida son muy importantes para su obra literaria: el escritor colombiano cuenta en sus libros las historias y los cuentos que le contaba su abuela cuando era pequeño.

Gabriel García Márquez cuenta en su biografía *(Vivir para contarla)* que el viaje que hace con su madre a Aracataca (Colombia) para vender la vieja casa de sus abuelos es clave[1] en su vida como escritor.

En ese viaje García Márquez recuerda su infancia entre las ruinas[2] de aquel caserón[3] triste y grande. Recuerda a su abuela, que podía ver el futuro. Recuerda a su hermana comiendo tierra y a un abuelo atormentado[4] porque mató a un hombre en un duelo[5]. En ese viaje piensa que necesita contar esa historia; y en 1965 nace *Cien años de soledad,* y Macondo, la ciudad del realismo mágico. *Cien años de soledad* es toda una obra maestra[6]

La magia de lo real

En los años sesenta empieza el *boom* de la literatura hispanoamericana porque muchos escritores hispanoamericanos

Una extensa obra

- *La hojarasca, 1955*
- *Relato de un náufrago, 1955*
- *El coronel no tiene quien le escriba, 1961*
- *Los funerales de Mamá Grande, 1962*
- *La mala hora, 1961*
- *Cien años de soledad, 1967*
- *Ojos de perro azul, 1974*
- *El otoño del patriarca, 1975*
- *Todos los cuentos, 1976*
- *Crónica de una muerte anunciada, 1981*
- *El olor de la guayaba, 1982*
- *El secuestro, 1982*
- *El amor en los tiempos del cólera, 1985*
- *El general en su laberinto, 1989*
- *Doce cuentos peregrinos, 1992*
- *Noticia de un secuestro, 1996*
- *Vivir para contarla, 2002*
- *Memoria de mis putas tristes, 2004*

se hacen famosos en el mundo entero. García Márquez es uno de los escritores más importantes del *boom.* En sus novelas muestra lo que es el "realismo mágico": la magia, lo real y lo inverosímil se unen para crear un mundo real y fantástico al mismo tiempo. Para García Márquez los mitos[7] de la gente, sus creencias y sus leyendas forman parte de la realidad porque son su historia, y porque todo eso es su vida cotidiana.

Macondo, la ciudad de *Cien años de soledad,* representa a una América Latina que cree en la magia y en la fantasía. Por eso, la fantasía de las novelas de García Márquez se basa en la realidad y en la tradición. García Márquez dice que todas sus novelas están basadas en la realidad. Su "realismo mágico" es un símbolo cultural en toda América Latina. Es mágico, precisamente, porque es real.

Mario Vargas Llosa nos dice que *Cien años de soledad* cuenta las tradiciones familiares, la historia de la región y de los seres que poblaban el universo infantil, lleno de hadas[8] y gnomos.

Cien años de soledad

Cien años de soledad se publicó el 30 de mayo de 1967 en la Editorial Sudamericana de Buenos Aires, una de las editoriales más importantes de América Latina. La primera tirada[9] fue de 8.000 ejemplares y se terminó en menos de 15 días. *Cien años de soledad* es la novela más traducida, más leída y más famosa escrita en español en los últimos siglos. Está traducida a más de 35 idiomas y se han vendido más de 30 millones de ejemplares. ■

GLOSARIO ESPAÑOL

1 clave: (aquí) muy importante **2 ruinas:** restos de edificios caídos y estropeados **3 caserón:** casa grande **4 atormentado:** obsesionado, muy preocupado **5 duelo:** pelea a vida o muerte entre dos personas **6 obra maestra:** pieza artística reconocida internacionalmente y que sobrevive al paso del tiempo **7 mito:** historia o persona rodeada de misterio y admiración **8 hada:** mujer del mundo de la fantasía con poderes mágicos que hace el bien **9 tirada:** número de ejemplares de un libro que se imprimen al mismo tiempo

ACTIVIDADES DE LENGUA Y CULTURA

GABRIEL GARCÍA MARQUÉZ

COMPRENSIÓN

A) Tras leer el texto sobre Gabriel García Márquez, ordena su historia.

1. Forma parte del realismo mágico.
2. Nace en Aracataca.
3. Escribe el *El amor en los tiempos del cólera.*
4. Recuerda su infancia.
5. Escribe *El coronel no tiene quien le escriba.*
6. Acompaña a su madre a vender la casa de sus abuelos.
7. Gana el Premio Nobel de Literatura.
8. Escribe *Cien años de soledad.*

B) Indica si las siguientes afirmaciones son verdaderas o falsas y por qué.

	V	F	¿Por qué?
1. García Márquez no conoció a sus abuelos.			
2. *Cien años de soledad* tuvo mucho éxito desde el principio.			
3. Macondo es un libro.			
4. García Márquez escribió *Cien años de soledad* porque quería contar la historia de América Latina.			
5. El realismo mágico es un movimiento literario del siglo XX.			
6. Vargas Llosa también es un escritor.			

LÉXICO Y GRAMÁTICA

C) Completa la historia de García Márquez.

1. Gabriel García Márquez cuenta las historias que ____________________
2. La abuela de García Márquez podía ____________________
3. La ciudad del libro *Cien años de soledad* se llama ____________________
4. El 30 de mayo de 1967 ____________________ y pocos días después ____________________
5. *Cien años de soledad* es su novela más importante porque ____________________

D) **Fíjate en los siguientes personajes. Por alguna razón todos ellos son importantes. Averigüa quiénes son leyendo las frases que aparecen a continuación. Rellena después el cuadro con su nombre, nacionalidad y profesión.**

1. Rafael Nadal ha sido el número 1 del tenis en el 2010.
2. El Premio Nobel de Literatura de 2010 nació en Arequipa, Perú.
3. Shakira cantó la canción oficial del Mundial de Fútbol de 2010.
4. El autor de *Cien años de soledad* nació en Colombia.
5. El número 1 del tenis en el 2010 es español.
6. Ha sido el revolucionario más famoso nacido en Argentina.
7. La canción del Mundial de Fútbol de 2010 la cantó una artista de Colombia.
8. Frida Kahlo y su marido Diego Rivera pintaban cuadros.
9. Mario Vargas Llosa ganó el Premio Nobel de Literatura en 2010.
10. El Che Guevara luchó con Fidel Castro en Cuba.
11. La Casa Museo de Frida Kahlo se puede visitar en su ciudad: México DF.
12. Escribió la novela *Cien años de soledad.*

Nombre	Nacionalidad	Profesión

E) **Une las siguientes palabras con sus sinónimos.**

1. cuento
2. fantástico/a
3. tradición
4. región
5. siglo
6. idioma

cien años
costumbre
lengua
historia para niños
zona
no real

F) Une las siguientes columnas para poder formar frases.

1. *Cien años de soledad* es un libro muy conocido	porque y que	a. está traducido a muchos idiomas.
2. García Márquez es uno de los escritores más importantes de Latinoamérica		b. del mundo.
3. Se llama realismo mágico		c. mezcla realidad y fantasía.
4. La abuela de García Márquez fue importante para él		d. le contaba historias cuando era pequeño.
5. García Márquez sigue vivo		e. sigue escribiendo.
6. García Márquez es uno de los escritores		f. tiene más éxito en el mundo.

G) Coloca los verbos entre paréntesis en pretérito indefinido para completar la biografía de Shakira.

Shakira (1 nacer) ____________ en Barranquilla, Colombia, el 2 de febrero de 1977. (2 escribir) ________ su primera canción cuando tenía ocho años. (3 participar) ________________ en un programa de la televisión colombiana en 1995. (4 crear) ________________ una ONG para ayudar a los niños pobres colombianos en 1996. (5 hacer) ________________ su primer disco, llamado *Pies descalzos,* en 1995. (6 Ganar) ________________ dos Premios Grammy y siete Grammys Latinos.

¿Qué tienen en común Gabriel García Márquez y Shakira?

Los dos ____

Los dos ____

Los dos ____

COMPOSICIÓN / EXPRESIÓN ESCRITA

H) ¿Qué escritor o personaje importante hay en tu país o en tu lengua? Escribe sobre su vida y sobre su obra (novela, poesía, teatro). Utiliza entre 80 y 100 palabras.

CONVERSACIÓN / EXPRESIÓN ORAL

I) Para hablar en clase

1. ¿Te gusta leer?
2. ¿Qué tipo de cosas te gusta leer?
3. ¿Cuál es tu escritor favorito? ¿Y tu libro favorito?
4. ¿Conoces a otros escritores del *boom* hispanoamericano? ¿Has leído alguna novela de algún escritor hispanoamericano?
5. Cuenta a tus compañeros el argumento de la novela hispanoamericana que más te ha gustado.

Rafa NADAL: un número 1

Autor original: Noemí Monge / Punto y Coma

Locución: Susana Santolaria

Es el resultado de años y años de trabajo constante, de disciplina[1], de esfuerzo, de vivir para el tenis sin olvidar la importancia de la familia y los amigos.

Rafael Nadal nació en Manacor (Mallorca) el 3 de junio de 1986. En 2008, con solo 22 años, fue el número 1 del tenis mundial. Ese año ganó ocho premios[2] importantes: Wimbledon, Roland Garros, los Juegos Olímpicos de Pekín, Montecarlo, Hamburgo, Barcelona, Londres y Canadá. En 2010 consiguió el Grand Slam al ganar en el Abierto de Estados Unidos. Y ese mismo año se convirtió en el tenista más joven de la historia en conseguir el Golden Slam (el Oro Olímpico y el Grand Slam). Nadal ya forma parte de la historia del tenis mundial.

El Grand Slam lo consiguió al ganar el Abierto de Estados Unidos contra Novak Djokovic, número 3 del mundo en ese momento. En 2008 venció[3] al número 1 del tenis mundial, Roger Federer, en la final de su torneo[4] favorito, Wimbledon. Un mes después de esta victoria, el tenista fue el número 1 y su sueño como deportista se hizo realidad.

El niño que se hace mayor

Su madre, Ana María, dice que "jugar y hacer deporte han sido su vida desde que empezó a gatear[5] por casa". Para los aficionados[6] al mundo del tenis, Nadal ha crecido como deportista y ha madurado[7] como persona. A

GLOSARIO ESPAÑOL

1 disciplina: seriedad y regularidad en el esfuerzo y el trabajo **2 premio:** trofeo que se gana cuando se ha sido el mejor en hacer algo **3 vencer:** ganar **4 torneo:** serie de partidos que se hacen en un deporte para ver quién es el mejor **5 gatear:** andar a cuatro patas **6 aficionado:** seguidor, persona a la que le gusta una actividad **7 madurar:** llegar a tener un buen desarrollo físico y mental

su lado está su tío y entrenador[8], Toni Nadal, que siempre le recuerda que creerse alguien especial por jugar bien al tenis es tan estúpido como creerse alguien especial por jugar bien al escondite[9]. Es uno de los deportistas más queridos en España por su forma de ver la vida y su naturalidad. Rafael Nadal siempre tiene una sonrisa en la boca, firma todos los autógrafos que le piden y responde a las preguntas de los periodistas.

Poco a poco se ha creado una imagen de chico amable con aficiones parecidas a las de cualquier joven de su edad. El fútbol y las partidas en la consola[10] son sus *hobbies* favoritos. Aunque en alguna ocasión ha comentado que no tiene ídolos, siempre habla del tenista Carlos Moyá como "un buen modelo a seguir", y se siente orgulloso al decir que es su amigo.

Pero ese "niño muy bueno, dócil[11] y exageradamente comunicativo", como lo ha descrito su tío Toni, ya es un hombre. Por esta razón, Nike, la marca que le viste, cambió su estilo hace unos años. Atrás quedaron los pantalones por debajo de la rodilla y las camisetas sin manga[12].

La llegada al número 1

En este camino de triunfos no hay que olvidar su relación con Roger Federer, uno de los mejores tenistas de la historia. Ninguno de ellos habla de amistad, pero sí de un gran respeto fuera de la cancha[13] de tenis. Poco después de ganar el oro olímpico y siendo ya número 1, Nadal comentaba: "No hay duda de que técnica y tenísticamente, Federer es el mejor, es el más completo de la historia. Me gustaría tener esa variedad que tiene él". Federer también muestra su admiración hacia Nadal: "Esto es lo que he esperado y deseado años atrás, que si me quitaban el número 1, fuera alguien que hubiese jugado increíblemente bien. No quería que cualquiera se lo llevara, Rafa se lo merece[14]".

Después de dos temporadas[15] con problemas en la rodilla, Nadal recupera el número 1 del *ranking* mundial en 2010. Sin embargo, Nadal nunca dejó de ser el rey de la tierra batida[16]. Es el tenista que

GLOSARIO ESPAÑOL

8 entrenador: persona que prepara físicamente a otra, sobre todo para hacer bien un deporte **9 escondite:** juego de niños que consiste en esconderse mientras otros te buscan **10 consola:** (aquí) aparato con el que se juega a los videojuegos **11 dócil:** persona obediente que hace lo que otros le dicen **12 manga:** parte del vestido, chaqueta o camiseta que corresponde al brazo **13 cancha:** espacio preparado para jugar a algunos deportes, como el tenis **14 merecer:** trabajar mucho hasta ser digno de un premio o una gratificación **15 temporada:** espacio de tiempo en el que se realiza una determinada actividad **16 tierra batida:** cancha de tierra en polvo para jugar al tenis más victorias ha conseguido en esta superficie.

Nadal lleva mucho tiempo entre la élite del tenis mundial, pero no ha cambiado como persona. Sigue siendo él mismo, ese chico natural que se gana al público con cada reacción, el que no se olvida nunca de los que le apoyan[17], de los que están a su lado y le necesitan; un ejemplo a seguir, tanto para los que empiezan como para los que llevan un tiempo en esto. ■

GLOSARIO ESPAÑOL

17 apoyar: (aquí) ayudar **18 raqueta:** instrumento con el que se golpea la pelota en el tenis **19 mando:** (aquí) instrumento con botones que sirve para hacer funcionar un aparato

Rafael Nadal

Nombre: Rafael Nadal Parera
Lugar de nacimiento: Manacor, Mallorca (España)
Fecha: 3 de junio de 1986
Entrenador: Toni Nadal
Mejor o mejores golpes: *drive* o golpe de derecha, revés a dos manos
Especialidad de pista: tierra batida
Peso: 85 kg (188 lbs)
Estatura: 185 cm (6'1")
Descripción de juego: Para él todos los partidos son el fin del mundo. Tiene fuerza física, pero, sobre todo, tiene fuerza de voluntad para luchar hasta el final.
Anécdota: Si hay algo que le gusta casi tanto como el tenis es jugar a la consola. Se sabe que organiza partidas a un famoso juego de fútbol con otros tenistas del torneo. Los rumores dicen que es mucho mejor con una raqueta[18] en la mano que con un mando[19]. Incluso Toni Nadal nos ha dicho alguna vez: "Aunque nunca rompió una raqueta, ya ha roto varios mandos".

ACTIVIDADES DE LENGUA Y CULTURA

RAFA NADAL

COMPRENSIÓN

A) Indica si las siguientes afirmaciones son verdaderas o falsas.

	V	F	¿Por qué?
1. Nadal ha tenido problemas con su hombro.			
2. Alguien de su familia trabaja con él.			
3. Tiene una mala relación con los periodistas.			
4. Es amigo de otros tenistas.			
5. Nadal piensa que Roger Federer es el mejor tenista de la historia.			
6. El único deporte que practica es el tenis.			
7. Nadal no es tan bueno con la consola como en el tenis.			

B) Tras leer el texto sobre Rafael Nadal señala qué relación hay entre el tenista y los siguientes números.

185 ______________________________

2010 ______________________________

1986 ______________________________

85 ______________________________

2008 ______________________________

C) Responde a las siguientes preguntas.

1. ¿Qué ocurrió en Pekín? ______________________________
2. ¿Qué le pasó a Nadal con su rodilla? ______________________________
3. ¿Quién es su gran rival? ______________________________
4. ¿Cuándo empezó a jugar al tenis? ______________________________
5. ¿Qué piensa Nadal de Carlos Moyá? ______________________________
6. ¿Por qué es uno de los deportistas más queridos en España? ______________________________
7. ¿Quién es el entrenador de Nadal? ______________________________
8. ¿Cuáles son sus *hobbies* favoritos? ______________________________

LÉXICO Y GRAMÁTICA

D) ¿A qué deporte juega Rafa Nadal? Busca en esta sopa de letras los nombres en español de siete deportes.

FDARSCOTUFGOLFO
UAIOCMDIDENXPWUI
TNSPXYRVXLAPORTS
BEWOMAELOPTENISA
OOAIAJBAEGIMNASIA
LINDBOXEOMDPALND
UABXPAOUCKSPAPO
SNATACIONMSIDNOA
MDIDBDBALONCESTO

Algunas pistas:

Deporte 1: se practica en un campo.

Deporte 2: se practica en agua.

Deporte 3: se necesitan unos guantes especiales.

Deporte 4: juegan 11 jugadores.

Deporte 5: se necesitan raquetas.

Deporte 6: los profesionales de este deporte son muy altos.

Deporte 7: en este deporte hay variedades: aro, barras, suelo, cinta, etc.

E) ¿Quién es Rafa Nadal? Mira las siguientes fotografías de famosos deportistas del deporte español y une su nombre con su deporte. ¿Qué profesión tienen?

Rafa Nadal

Gemma Mengual

Pau Gasol

Almudena Cid

Leo Messi

Fernando Alonso

gimnasia	tenis	baloncesto	fórmula 1	natación	fútbol

1. Rafa Nadal es ______________________________
2. Gemma Mengual es ______________________________
3. Pau Gasol es ______________________________
4. Almudena Cid ______________________________
5. Fernando Torres es ______________________________
6. Fernando Alonso es ______________________________

F) Une las siguientes columnas para averiguar de qué deporte se trata.

¿Qué deporte se practica...?	
con caballos	surf
con una espada	béisbol
en la nieve	esgrima
con un bate	ciclismo
con las olas del mar	equitación
en la playa con una pelota	voleibol
con una bicicleta	esquí

COMPOSICIÓN / EXPRESIÓN ESCRITA

G) Escribe sobre tu deportista favorito (entre 80 y 100 palabras). ¿Cómo es? ¿Qué deporte practica? ¿Por qué te gusta? ¿De dónde es? ¿Practicas tú el mismo deporte?

____
____
____
____
____
____
____
____
____

H) Según el texto a Rafa Nadal le gusta jugar con la consola y jugar al fútbol. Háblanos de sus gustos. Haz frases con las siguientes imágenes y los siguientes verbos: gustar, no gustar, encantar, odiar y apasionar.

1. ______________________________

2. ______________________________

3. ______________________________

4. ______________________________

5. ______________________________

6. ______________________________

CONVERSACIÓN / EXPRESIÓN ORAL

I) Para hablar en clase

1. Rafa Nadal dice que Carlos Moyá es uno de sus ídolos. ¿Tienes algún ídolo? Habla de alguien a quien admires mucho y explica por qué.
2. ¿Cómo imaginas a tus ídolos cuando eran pequeños?
3. ¿Cómo crees que eran sus vidas?
4. ¿Qué cosas piensas que hacían en su día a día?
5. ¿Piensas que tu vida de pequeño era muy diferente a la de tus ídolos?

Ciencia y sociedad

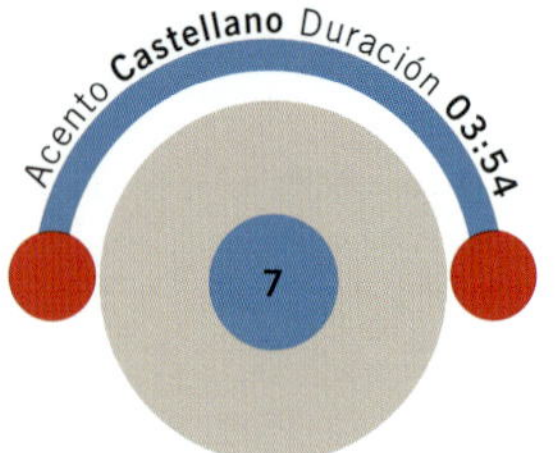

Autor original: Isabel Jiménez / Punto y Coma
Locución: María Besant

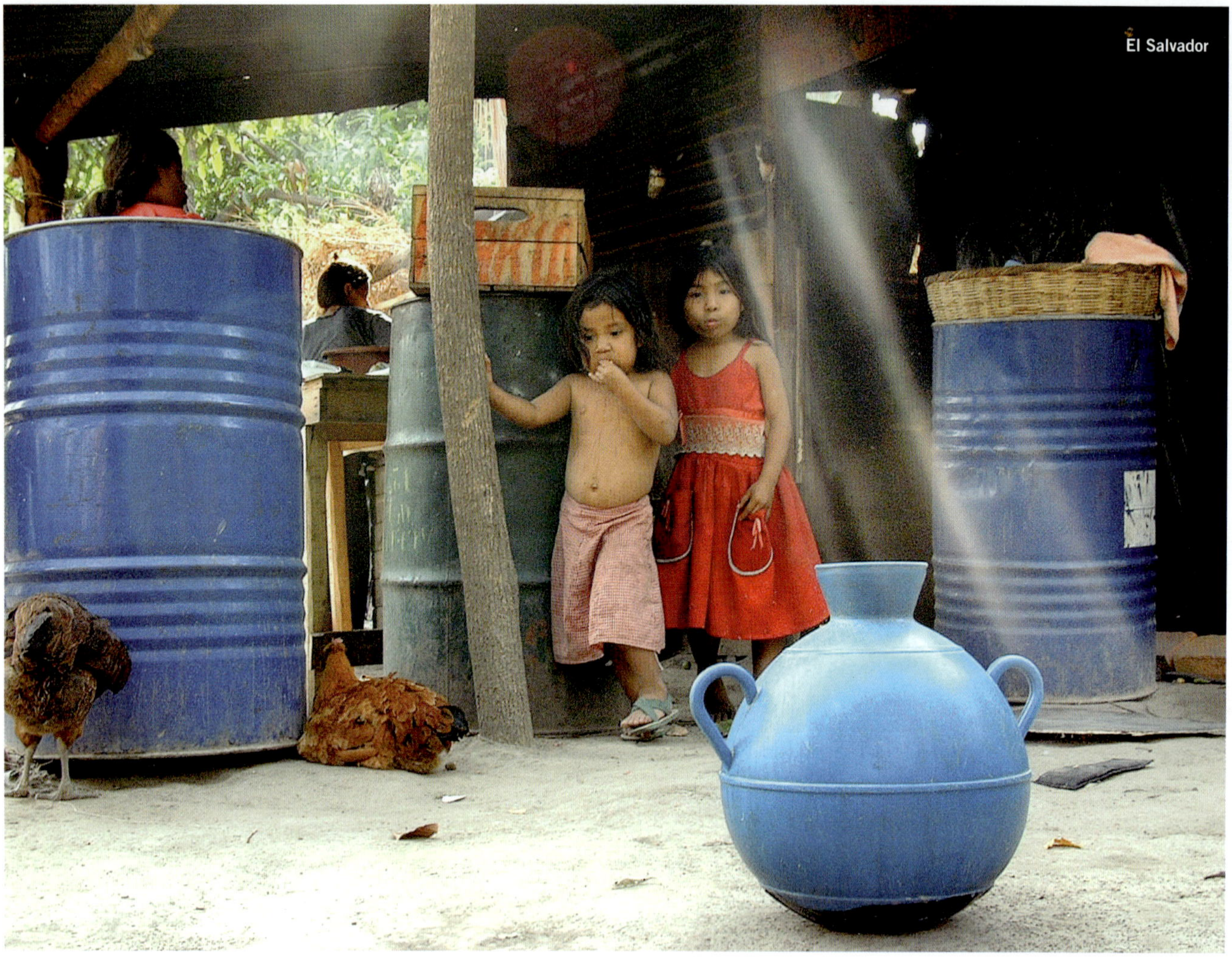

El Salvador

SOLIDARIDAD en vacaciones

Voluntario de la ONG Pandora en Guatemala

Voluntarios de la ONG Coprodeli en Lima

Es posible divertirse y ayudar a los demás. Por eso, muchas personas quieren hacer viajes que mezclan el voluntariado[1] en países en desarrollo con tiempo libre para hacer turismo y aprender español.

Silvia Alemany se trasladó[2] desde Valencia hasta el Callao, uno de los barrios[3] más pobres de la capital peruana, para trabajar de voluntaria durante un mes en la ONG Coprodeli. Este verano, dos años después de aquella experiencia tan especial, quiere repetir en Honduras.

Actualmente, muchas personas deciden pasar unas vacaciones solidarias, que son una mezcla de turismo y compromiso social[4] con asociaciones que organizan estas vacaciones en países que necesitan ayuda.

Los voluntarios suelen estar entre dos y cuatro semanas, pero también es posible estar entre dos meses y un año. Los cooperantes[5] tienen que pagar su billete de avión, pero la asociación paga la comida y el alojamiento[6]. Los voluntarios suelen dormir en las casas de las familias del lugar o en algún centro de la organización, pero saben que no van a tener ningún lujo[7]. A veces, los voluntarios también deben dar un poco de dinero para el proyecto.

GLOSARIO ESPAÑOL

1 voluntariado: actividad que consiste en ayudar a otros de manera desinteresada, sin recibir dinero **2 trasladarse:** ir de un lugar a otro **3 barrio:** zona de una ciudad **4 compromiso social:** obligación con la sociedad que se toma voluntariamente **5 cooperante:** persona que ayuda a los demás haciendo voluntariado **6 alojamiento:** lugar donde dormir **7 lujo:** gran cantidad de adornos y cosas no necesarias, también cosas buenas y caras

GLOSARIO ESPAÑOL

8 desempleado: persona que no tiene trabajo **9 medioambiente**: naturaleza **10 fachada:** parte de un edificio que da al exterior **11 conservación:** acción para seguir teniendo lo mismo que se tenía, para no perderlo **12 tareas extraescolares**: trabajo que mandan en la escuela para hacer en casa **13 cabello:** pelo **14 charla:** conferencia, explicación educativa que se da a un grupo de personas **15 seguro:** sin peligro **16 recorrer:** ir de un sitio a otro

Niños de una ONG en Ecuador

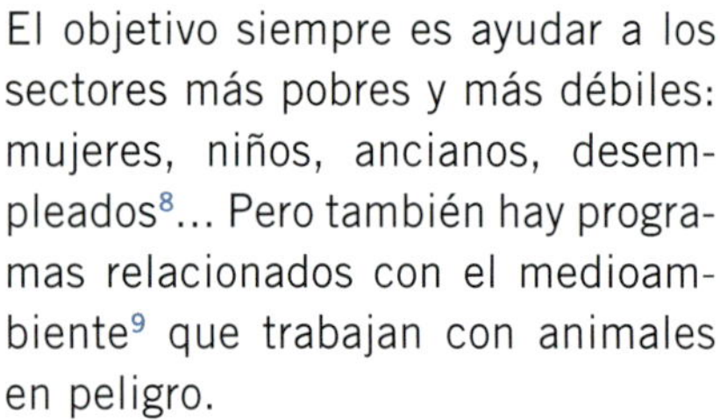

El objetivo siempre es ayudar a los sectores más pobres y más débiles: mujeres, niños, ancianos, desempleados[8]... Pero también hay programas relacionados con el medioambiente[9] que trabajan con animales en peligro.

Los voluntarios pueden elegir las actividades que quieren hacer: pintar la fachada[10] de un edificio, jugar al fútbol con niños, organizar actividades para las mujeres, ayudar a la conservación[11] de animales en peligro. Dos modelos de cooperantes son Silvia Alemany y Ellen Wilson.

Silvia Alemany estuvo un mes y ayudó a los niños de un colegio en las tareas extraescolares[12] y también ayudó a construir viviendas para los habitantes de un barrio de las afueras de Lima. Además, en un centro de salud cortó el cabello[13], entregó ropa y dio charlas[14] educativas.

Ellen Wilson, de Estados Unidos, fue con su hijo pequeño a Ostional, un bello pueblo de Costa Rica, y ayudó a la conservación de las tortugas marinas: por la noche recogían los huevos de un nido y los llevaban a un lugar seguro[15]. Además, aprendió más español y, en su tiempo libre, ella y su hijo recorrieron[16] el país y disfrutaron de su espectacular naturaleza.

Voluntarios y niños en una ONG de América Latina

Muchos voluntarios son estudiantes de español y quieren ir a un país de América Latina para aprender más español: allí pueden practicar las 24 horas del día. Por eso, los primeros países en el *ranking* de peticiones para pasar unas vacaciones solidarias son los países de habla hispana. ■

ACTIVIDADES DE LENGUA Y CULTURA

VACACIONES SOLIDARIAS

ANTES DE LEER

A) Antes de leer el texto, ¿piensas que estas afirmaciones son verdaderas o falsas?

	V	F	¿Por qué?
1. Los voluntarios tienen que pagar todos sus gastos.			
2. Es posible estar un año de vacaciones solidarias.			
3. Los voluntarios no pueden elegir qué actividades van a hacer.			
4. Para ser voluntario es necesario hablar muy bien español.			
5. Se puede viajar con niños.			

COMPRENSIÓN

B) Después de leer el texto, indica si las afirmaciones del ejercicio anterior son verdaderas o falsas y por qué.

C) ¿En qué países estuvieron Silvia Alemany y Ellen Wilson? Búscalos en el texto y señálalos en el mapa. Puedes informarte en las páginas finales del libro.

D) A continuación localiza también los siguientes países: Chile, México, Colombia, Cuba, Brasil y Haití. ¿Sabes en cuáles de estos países hablan en español?

LÉXICO Y GRAMÁTICA

E) Busca la palabra o expresión contraria.

1. espectacular
2. fachada
3. seguro
4. lujo
5. barrio de las afueras

peligroso
feo/a
pobreza
interior
centro de la ciudad

F) Escribe una o más palabras con el mismo significado que las siguientes.

1. se trasladó: ______________________
2. alojamiento: ______________________
3. cooperante: ______________________
4. anciano: ______________________
5. cabello: ______________________
6. bello: ______________________

G) Completa la carta que escribe Ellen Wilson a un amigo.

Querido Pedro:

Mi experiencia en Costa Rica es (1) ______________. Ayer estuve recogiendo (2) ______________ de tortugas para (3) ______________. Esta actividad la tenemos que hacer siempre por la (4) ______________. He venido con mi hijo, y durante el tiempo libre (5) ______________. Lo que más me gusta de este país es (6) ______________. Además de ayudar a la conservación de las tortugas marinas también puedo (7) ______________.

La próxima semana te escribo más.
Muchos besos,

COMPOSICIÓN / EXPRESIÓN ESCRITA

H) Imagina que eres Silvia Alemany y escribe un correo electrónico a una amiga. Explica dónde estuviste, qué actividades hiciste hace dos años y qué planes tienes para este año y por qué. Debes escribir entre 70 y 80 palabras.

Para:
Asunto:
Hola Marta: Hace dos años __________ __________ __________ __________ Este año __________ __________ __________ __________ Un abrazo.

CONVERSACIÓN / EXPRESIÓN ORAL

I) Para hablar en clase

1. La función de Ellen Wilson es salvar a las tortugas marinas. ¿Qué otros animales están en peligro en el mundo?
2. ¿Qué animales de tu país necesitan ayuda para su conservación?
3. ¿Has sido alguna vez cooperante? Cuéntanos tu experiencia.
4. ¿Te gustaría serlo? ¿Por qué?
5. ¿Qué ventajas y qué inconvenientes tiene ser cooperante?
6. ¿Crees que viajar a Latinoamérica para ser cooperante es una buena forma de aprender español? ¿Por qué?

TAREA

Trabajad en grupos de tres personas. Imaginaos que habéis decidido ser cooperantes. Buscad algún país en el que trabajar. Explicad a vuestros compañeros por qué habéis elegido ese país, qué actividades pensáis hacer, por qué pensáis que vuestro trabajo va a ser una ayuda importante...

Para obtener información real, puedes consultar las siguientes páginas web: www.coprodeli.org, www.turismoresponsable.net, www.setem.org, www.solidaridad.org, www.cooperatur.org, www.accp.com

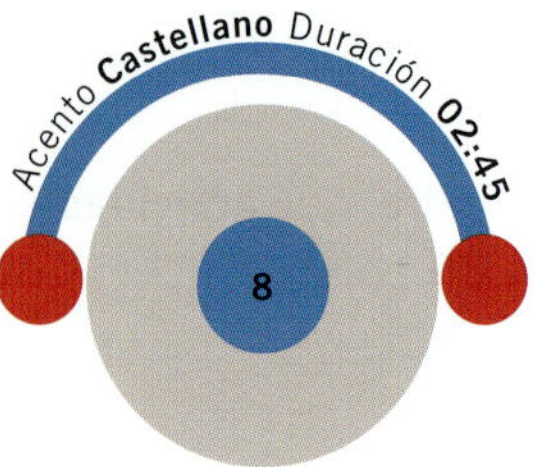

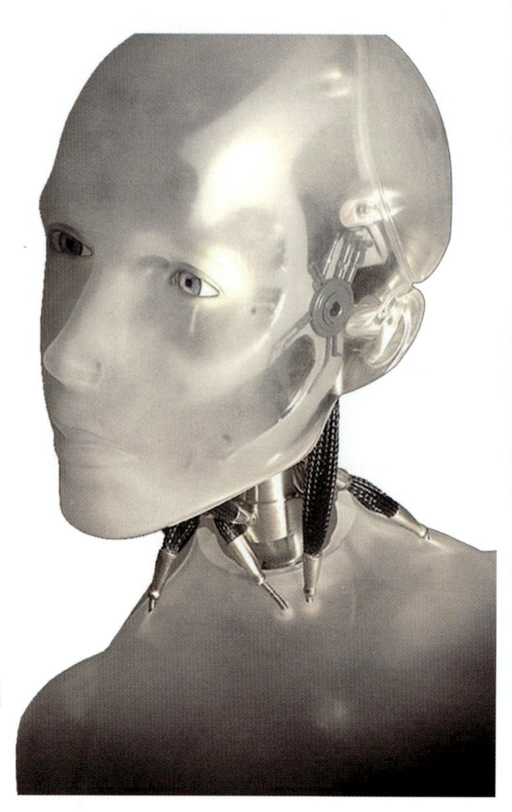

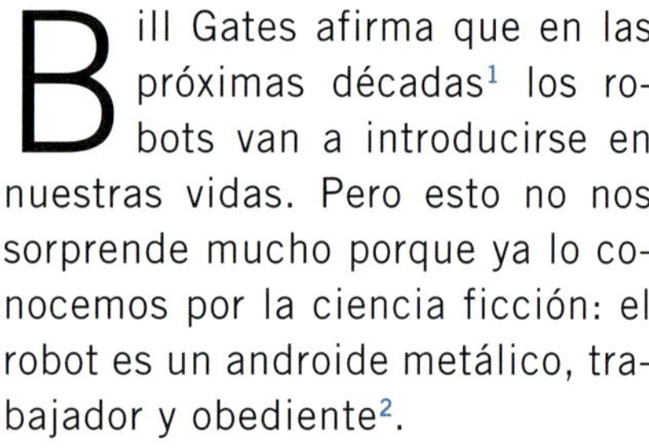
Autor original: Fernando de Bona / Punto y Coma
Locución: Marcos García Barrero

Para la ciencia ficción el robot es un androide metálico, trabajador y obediente.

YO, ROBOT

Bill Gates afirma que en las próximas décadas[1] los robots van a introducirse en nuestras vidas. Pero esto no nos sorprende mucho porque ya lo conocemos por la ciencia ficción: el robot es un androide metálico, trabajador y obediente[2].

El gran creador del concepto de robot en la novela fue Isaac Asimov, el escritor más famoso de ciencia ficción de todos los tiempos. En 1950 Asimov publica una colección de cuentos de ciencia ficción llamada *I, Robot* (*Yo, robot*). Hay una película, pero la película no se parece casi nada a la obra de Isaac Asimov. Asimov pone las palabras del título de su libro "yo, robot" en boca de un ser artificial con forma humana y nos transmite el mensaje de su auto-consciencia[3]. Los antropólogos, los neurólogos, los filósofos y hasta los matemáticos intentan[4] entender el funcionamiento de nuestro cerebro[5]. Pero hasta ahora no hay nada seguro. Los modelos físicos que tratan de explicar nuestra mente son demasiado simples y nuestro cerebro es enormemente complejo.

Ahora las industrias están llenas de robots electromecánicos controlados por ordenador. Estos robots ayudan a fabricar coches, lavadoras y muchos otros aparatos[6]; pero todavía no están en nuestros hogares y no tienen forma humana. Los japoneses de Honda han fabricado ya el primer robot comercial con forma humana que se llama Asimo, pero es carísimo y tiene pocas aplicaciones prácticas. Además, en la Universidad de Osaka han creado la robot Repliee Q1, con un aspecto completamente humano, pero todavía no tiene una verdadera utilidad. Además, hay un problema importante: la duración de las pilas[7].

Por eso, probablemente tardaremos bastante tiempo en tener un robot y todavía es más difícil tener un robot como los que imaginó Asimov. ■

GLOSARIO ESPAÑOL

1 década: periodo de diez años **2 obediente:** dócil, que hace lo que le dicen **3 autoconsciencia:** conciencia de sí mismo **4 intentar:** esforzarse en obtener o lograr algo **5 cerebro:** mente, órgano que se encuentra en la cabeza **6 aparato:** objeto electrónico o mecánico **7 pila:** recipiente que almacena energía

ACTIVIDADES DE LENGUA Y CULTURA

YO, ROBOT

COMPRENSIÓN

A) Señala los cuatro temas que se tratan en el texto.

la adaptación al cine · los estudios científicos del cerebro
la sociedad actual · la investigación robótica · los electrodomésticos
el coste de la investigación · el aspecto de los robots

B) Relaciona las palabras con los temas seleccionados.

VOCABULARIO	TEMA	VOCABULARIO	TEMA
1. marca Honda		7. artificial	
2. cerebro		8. dificultad	
3. matemáticos		9. película	
4. pilas		10. universidad	
5. cuentos		11. creación	
6. humano		12. neurólogos	

C) Según el texto, elige la opción más adecuada.

1. Según la opinión de Bill Gates
   a) no todos los robots son obedientes.
   b) la presencia de robots en nuestra vida está cerca.
   c) estamos acostumbrados a vivir con androides.

2. Según el texto, Isaac Asimov
   a) creó en la literatura el concepto de robot.
   b) escribió novelas de ciencia ficción para ser llevadas al cine.
   c) nos muestra en sus obras las diferencias entre los seres humanos.

3. Hoy en día
   a) hay robots en todos los hogares.
   b) las industrias no utilizan robots.
   c) existen robots con forma humana.

4. Los japoneses han creado ya el primer robot con forma humana, pero
   a) ha tenido poco éxito comercial.
   b) tiene poca utilidad práctica.
   c) las baterías son demasiado grandes.

LÉXICO Y GRAMÁTICA

D) Completa la tabla con los correspondientes sustantivos acompañados de su artículo.

1. introducir	
2. trabajar	
3. publicar	
4. adaptar	
5. intentar	
6. controlar	
7. fabricar	
8. crear	
9. imaginar	

E) Descubre el intruso que hay en cada frase y sustitúyelo por alguna de las siguientes palabras: utilidad, complejidad, cine, artificial, informe, electrodomésticos, lujo.

1. Nuestros hogares están repletos de máquinas que nos hacen más fácil la existencia.
2. Los cuentos de Asimov se han adaptado al documental pero respetando poco el original.
3. Todavía no se ha encontrado una comodidad real para los robots.
4. Los científicos intentan comprender la confusión del cerebro con el fin de comprender su funcionamiento.
5. De momento la creación de robots con forma humana es una riqueza que solo se pueden permitir algunos.

F) Relaciona cada verbo con el significado.

1. afirmar	a) prohibir, impedir. b) asegurar, decir que es verdad.
2. introducir	a) meter en el interior de algo. b) sacar una cosa de otra.
3. transmitir	a) conservar algo en la memoria. b) hacer llegar a alguien algún mensaje.
4. intentar	a) no querer aceptar algo. b) hacer todo lo posible por realizar algo.
5. aproximarse	a) establecer distancia. b) acercarse.

COMPOSICIÓN / EXPRESIÓN ESCRITA

G) Un amigo tuyo acaba de recibir un robot de regalo, pero desgraciadamente las instrucciones están desordenadas y te pide ayuda para poder ponerlo en marcha. Ordénalas y escríbele un correo con las consignas necesarias para conseguirlo, utliza los siguientes recursos: primero, segundo, tercero, cuarto, después, entonces, ahora, luego.

Sacar de la bolsa todas las piezas del robot. 1	Poner las piezas del robot en el suelo para su construcción.	Apretar el botón de encendido.	Comenzar por colocar los brazos.	Cuando la luz deja de parpadear, el aparato está listo.
Comprobar que la luz de encendido parpadea durante un minuto.	Continuar con la colocación de las piernas.	Darle la vuelta al robot, levantar la tapa que está en la espalda e introducir las pilas.	Comprobar que las tiene todas: cuerpo con cabeza, brazos y piernas.	Cerrar la tapa.

Para:

Asunto:

Querido ______________________:

¡Qué mala suerte! En fin, no soy un experto, pero voy a intentar ayudarte. Creo que este podría ser el orden de las instrucciones:
Primero saca de la bolsa todas las piezas, ______________________
____

Espero que esté todo bien y puedas empezar a utilizarlo.
Un abrazo,

H) "Incorpora un robot a tu vida". Imagínate que estamos en el año 2525. Los robots con apariencia completamente humana se han generalizado y tú has comprado uno hace unos meses. Descríbelo lo más detalladamente posible y comenta cómo ha cambiado tu vida. Escribe entre 80 y 100 palabras. Comienza la redacción con la siguiente frase:

Ya no podría vivir sin él. Desde que ______________________

CONVERSACIÓN / EXPRESIÓN ORAL

I) Para hablar en clase

1. ¿Qué entiendes por robot?
2. ¿Crees que la incorporación de los robots a nuestra vida está cercana?
3. ¿Qué aparatos has incorporado a tu vida diaria que antes te parecían de ciencia ficción?
4. ¿Qué ventajas e inconvenientes tiene la presencia de los robots en la industria? ¿Y en el futuro en la vida cotidiana?

Acento Argentino Duración 03:47

9

Autor original: Susana Santolaria / Punto y Coma
Locución: Jorge Cassino

REDES SOCIALES: amigos en "la Red"

El filósofo griego Aristóteles decía que el ser humano no puede vivir solo, necesita vivir en sociedad.

Ahora, en el siglo XXI, los seres humanos también necesitamos relacionarnos con otras personas, pero la forma de relacionarnos está cambiando: ahora hay otras maneras de actuar en sociedad y de comunicarnos con otros: Internet.

En Internet encontramos muchas redes sociales: Facebook, Twitter y MySpace. A algunas personas no les gustan mucho estas redes sociales porque piensan que van a perder el contacto con el mundo real, el contacto físico con la gente, porque no piensan que detrás de las pantallas[1] del ordenador hay personas. Además, la forma tradicional de comunicarnos no va a desaparecer, igual que las bicicletas no han desaparecido con los coches y los aviones.

Los seres humanos necesitan actuar en grupo, la gente necesita relacionarse con personas que tienen intereses parecidos; por eso las redes sociales tienen tanto éxito en Internet: existen agrupaciones[2] de educadores, médicos, madres de bebés, seguidores de un equipo de fútbol, estudiantes, abuelos en la red...

Las relaciones que se crean en el ciberespacio[3] son un reflejo de las que hay fuera de este, y las personas que son muy sociables y activas en la calle, también son muy sociables en el mundo virtual. Además, el objetivo de muchos de los contactos que empiezan en la red es conocerse en persona.

Cadena de favores

Internet también sirve para intercambiar información porque "nadie sabe todo y todos pueden saber algo". En los foros "temáticos[4]" de Internet podemos encontrar la solución a nuestras dudas. Las personas que saben algo o tienen información sobre un tema ayudan a las que no saben, pero necesitan ese conocimiento. Esas personas que ayudan a otras también piden información cuando no saben algo. Por eso el *microblogging* Twitter tiene tanto éxito, porque es una mezcla de *chat* colectivo, *blog,* red social y servicio de mensajería[5] instantánea[6], en el que se intercambia información personalizada.

El gran hermano

Pero Internet tiene muchos inconvenientes: no hay secretos en Internet, todo lo que cuentas tú, o tus amigos cuentan sobre ti, lo pueden saber otras personas que no conoces. Tú puedes ser discreto[7], pero no sabes si tus contactos lo son. Además, si tus amigos cuelgan[8] una foto en la web y tú estás en la foto, todo el mundo puede verla. Es fácil subir información al ciberespacio, pero la información nunca desaparece completamente, es casi imposible. ■

GLOSARIO ESPAÑOL

1 pantalla: superficie en la que aparecen las imágenes en los aparatos electrónicos **2 agrupación:** gente que se organiza y se asocia para trabajar o divertirse junta con un motivo o un fin común **3 ciberespacio:** Internet **4 temático:** que tiene un tema determinado **5 servicio de mensajería:** trabajo que consiste en llevar cartas o documentos de un lugar a otro **6 instantáneo:** en el mismo momento **7 discreto:** sensato, que piensa antes de actuar y actúa sin exhibición **8 colgar:** (aquí) colocar, poner

ACTIVIDADES DE LENGUA Y CULTURA

REDES SOCIALES

COMPRENSIÓN

A) Indica si las siguientes afirmaciones son verdaderas o falsas y por qué.

	V	F	¿Por qué?
1. La forma tradicional de comunicación entre las personas va a desaparecer.			
2. En el ciberespacio, nuestra intimidad no está muy segura.			
3. Las personas buscan en Internet a otras personas muy diferentes para relacionarse.			
4. En los tiempos de Aristóteles el ser humano necesitaba vivir en sociedad, pero ahora no.			
5. Las personas actúan igual en persona, cara a cara, que en las redes sociales.			
6. Muchas personas buscan a otras personas en Internet para después conocerse en persona.			

B) Completa estas frases utilizando la información del texto.

1. Las redes sociales sirven para ________________
2. Si necesitas información sobre algún tema, ________________
3. Según Aristóteles, los seres humanos necesitan ________________
4. Las personas que participan en las redes sociales deben ser discretas porque ________________
5. Ten cuidado si subes información al ciberespacio porque ________________
6. La gente busca contactos en Internet para ________________

C) Según el texto, ¿qué ventajas e inconvenientes tiene la comunicación entre personas con Internet?

Ventajas: ________________

Inconvenientes: ________________

LÉXICO Y GRAMÁTICA

D) **Coloca el nombre adecuado en cada imagen:** móvil, portátil, ordenador, página web, red inalámbrica, correo electrónico.

(1) ____________ (2) ____________ (3) ____________

(4) ____________ (5) ____________ (6) ____________

E) Busca la palabra intrusa de cada columna.

hablar	filósofos	foro	libro
charlar	médicos	chat	revista
conversar	ordenadores	pantalla	periódico
debatir	profesores	red social	cómic
escuchar	informáticos	*blog*	*e-book*

F) ¿Conoces a Mark Zuckerberg? Es el fundador de Facebook. Utiliza los verbos que aparecen en el cuadro y colócalos en pretérito indefinido para completar su historia y conocer un poco más sobre él.

nacer	crear	ganar	acusar	hacerse	tener	estudiar

Mark Zuckerberg (1) __________ en EE. UU. en 1984. (2) __________ en Harvard y (3) __________ junto con su amigo y compañero Eduardo Sarverin la famosa red social Facebook, pero tuvo muchos problemas porque algunas personas le (4) __________ de robar la idea. En 2010 (5) __________ 6.900 millones de euros, por lo que se le considera el millonario más joven del mundo. Ese mismo año (6) __________ la película *La red social (The Social Network)* donde se cuenta su historia.

G) Haz frases uniendo las palabras de las dos columnas y añadiendo la preposición adecuada.

1. enviar una foto	**en**	correo electrónico
2. hablar	**por**	Internet
3. descargar un programa	**de**	la Red
4. subir información	**al**	ciberespacio
5. participar	**a**	un foro / *chat*
6. buscar información		Internet

COMPOSICIÓN / EXPRESIÓN ESCRITA

H) Expresa tu opinión sobre las redes sociales completando el siguiente cuadro.

Yo creo que las redes sociales son importantes porque __________ A mí me gusta / yo participo en Facebook, Twitter, etc. porque __________ y porque __________, pero no me gusta porque __________. En mi opinión las ventajas son: __________. Los inconvenientes son: __________.

CONVERSACIÓN / EXPRESIÓN ORAL

I) Para hablar en clase

1. ¿Usas alguna red social? ¿Cuáles? ¿Por qué?
2. En tu opinión, ¿qué cosas positivas tienen las redes sociales? ¿Y negativas?
3. ¿Crees que está cambiando la forma de relacionarse de la gente joven?

TAREA

Haced grupos de cuatro o cinco personas para crear una nueva red social. Por ejemplo, amigos quinceañeros, estudiantes de español, amantes de los gatos, aficionados a los bailes latinos... A continuación preparad un cuestionario para el resto de los alumnos. Recoged el cuestionario y haced una selección de admitidos y excluidos en vuestra red según las respuestas de dichos cuestionarios.

Las preguntas del cuestionario tendrán que tener una relación con vuestro tipo de red social. Algunas preguntas para el cuestionario podrían ser: ¿Cómo te llamas y de dónde eres? ¿Cómo es tu carácter? ¿Cómo eres físicamente? ¿Qué cosas te gustan, no te gustan, te encantan...?

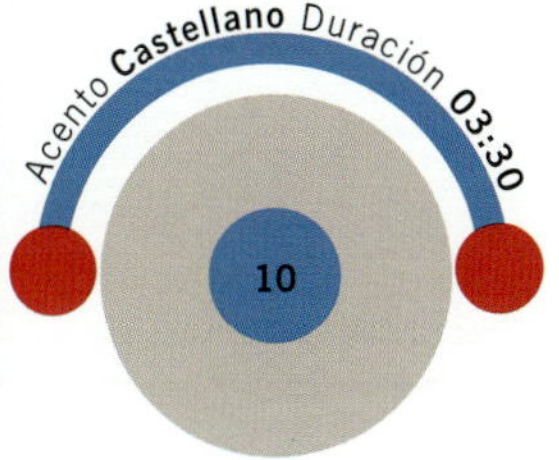

Autor original: Redacción / Punto y Coma
Locución: Marcos García Barrero y Rosa Puga

ARQUITECTURA Y MEDIOAMBIENTE: Entrevista a César Ruiz-Larrea

Al arquitecto madrileño César Ruiz-Larrea le gusta mucho la naturaleza. Por eso es un especialista en energía e intenta que su arquitectura[1] respete el medioambiente[2].

¿Es necesario pensar en el medioambiente y la energía cuando hablamos de la arquitectura actual? Es una obligación. El hombre está introduciendo cambios en el medioambiente que están cambiando el clima, y la arquitectura tiene que ayudar a solucionar esto. El 50% de la energía que se consume en el mundo está destinada a la construcción de viviendas[3]. Hasta ahora, la arquitectura se dedicaba a resolver el problema de la habitabilidad[4], el problema de las ciudades, pero ahora tiene que ayudar a resolver[5] también el problema del entorno[6], del deterioro[7] del medioambiente. Tenemos que pensar en las generaciones que vienen detrás.

A veces vemos que los vendedores de viviendas utilizan los términos "verde" o "ecológico" para vender más y mejor. Es verdad. Emplean las palabras verde y ecológico, pero solo quieren vender sus viviendas. Y también es verdad que hay un intento real de mentalizar[8] a la gente sobre este problema. Ahora hay una preocupación real por el medioambiente y por no derrochar[9] energía.

En el Centro Nacional de Energías Renovables[10] de Navarra[11] os preocupáis

especialmente del ahorro de energía. ¿Cómo pueden ahorrar energía los edificios? La arquitectura tiene que analizar los problemas y después tiene que resolverlos de una manera natural. Por ejemplo, en Pamplona[12] existe un elemento fundamental que es el viento. Y ahora aprovechamos[13] ese viento para producir la energía que los edificios necesitan. Además, en Pamplona hay mucho sol, una energía que tenemos gratis en España y que también se puede aprovechar. Si utilizamos todos estos elementos, podemos lograr[14] hacer edificios cómodos y ahorrar[15] energía al mismo tiempo. El edificio puede ahorrar hasta un 50% de consumo de energía. Si tenemos una energía en verano que es el sol, por ejemplo, ese sol nos permite refrigerar[16]; es decir, poner aire acondicionado en verano. Tenemos que pensar que los edificios pueden ser como árboles: elementos que cogen energía y la transforman para devolver más energía, una energía positiva y saludable[17] para el medioambiente. Yo creo en ese universo. ■

GLOSARIO ESPAÑOL

1 arquitectura: ciencia y conocimientos necesarios para construir edificios **2 medioambiente:** naturaleza en la que vivimos **3 vivienda:** casa, edificio para vivir **4 habitabilidad:** hacer que un lugar sea habitable, que se pueda vivir en él **5 resolver:** solucionar **6 entorno:** espacio que nos rodea **7 deterioro:** el efecto de deteriorarse algo, de estropearse **8 mentalizar:** hacer a alguien consciente de un problema **9 derrochar:** gastar más de lo necesario **10 renovable:** que se puede volver a utilizar **11 Navarra:** región del norte de España **12 Pamplona:** capital de Navarra **13 aprovechar:** utilizar algo que tenemos a nuestro alcance, que podemos coger fácilmente **14 lograr:** conseguir **15 ahorrar:** guardar para el futuro **16 refrigerar:** enfriar **17 saludable:** bueno para la salud

ACTIVIDADES DE LENGUA Y CULTURA

ARQUITECTURA Y MEDIOAMBIENTE

COMPRENSIÓN

A) Señala los cuatro temas que se tratan en el texto.

los agentes inmobiliarios | los sistemas de seguridad | el papel actual de la arquitectura
las energías | la biodiversidad | el consumo durante las diferentes estaciones
la preocupación por el medio ambiente | el ahorro de energía

B) Elije la opción más adecuada según el texto.

1. Cuando se habla de la arquitectura de hoy,
   a) se puede pensar en la energía.
   b) se tiene que pensar en la energía.
   c) se quiere pensar en la energía.

2. La arquitectura
   a) hasta ahora se dedicaba a problemas del entorno.
   b) está ayudando a cambiar el clima.
   c) tiene que ayudar con los problemas del medioambiente.

3. Los términos "verde" y "ecológico"
   a) no se utilizan nunca.
   b) se utilizan para gastar más energía.
   c) se utilizan para intentar vender más.

4. En Pamplona
   a) se utilizan el viento y el sol como fuente de energía.
   b) se ahorra más energía con el viento que con el sol.
   c) la energía del sol es gratis solo en verano.

LÉXICO Y GRAMÁTICA

C) Detecta el error que se esconde en cada frase.

1. La naturaleza la gusta mucho al arquitecto César Ruiz-Larrea.
2. Es necesario pensar a las generaciones que vienen después de nosotros.
3. El viento está un elemento importantísimo en Pamplona.
4. Podemos conseguir a la vez vivir bien pero ahorrar energía si se utilizan todos los elementos.

D) Ordena las sílabas de las siguientes palabras y completa con su artículo.

1. gía – e – ner : ______________________
2. ma – cli: ______________________
3. bien – me – dio – te – am: ______________________
4. ro – te – de – rio: ______________________
5. za – na – ra – le – tu: ______________________
6. dad – bi – ha – bi – ta – li: ______________________

E) Construye frases uniendo las tres columnas.

1. Antes la arquitectura tenía la función de solucionar el problema de las ciudades		a. por eso emplean las palabras "verde" y "ecológico".
2. El clima está cambiando	**pero**	b. el hombre está introduciendo cambios en el medioambiente.
3. El objetivo de los vendedores es vender más casas	**y**	c. ahora su función es ayudar con el problema del entorno.
4. Para solucionar los problemas de una forma natural hay	**que** **porque**	d. no cuesta dinero.
5. El sol es una energía		e. analizar antes los problemas.
6. Si utilizamos razonablemente los recursos naturales podemos vivir bien		f. podemos ahorrar energía al mismo tiempo.

F) Completa el cuadro y elige la palabra adecuada para cada hueco.

Verbo
ayudar
deteriorar
transformar
aprovechar
analizar
solucionar

Sustantivo
la ______________
el ______________
la ______________
el ______________
el ______________
la ______________

Según el arquitecto madrileño, la arquitectura debe ser una ______________ (1) para reparar los cambios y el ______________ (2) que la actuación del hombre produce en el medioambiente. Primero hay que hacer un ______________ (3) de los problemas y después buscar una ______________ (4). Esta solución se encuentra muchas veces en la naturaleza, en el ______________ (5) de energías locales, como el sol y el viento, y en la ______________ (9) de la energía, en energía saludable y positiva para el medioambiente.

COMPOSICIÓN / EXPRESIÓN ESCRITA

G) Elabora un texto para un anuncio publicitario. Intenta transmitir la idea de respeto al medioambiente y la del consumo de energías saludables. Utiliza entre 40 y 50 palabras. Puedes usar los siguientes verbos: respirar, alimentarse, calentarse, beber, vivir, dormir, disfrutar, descansar, crecer.

CONVERSACIÓN / EXPRESIÓN ORAL

H) Para hablar en clase

1. ¿Piensas que hay una preocupación real y sincera por el medioambiente?
2. ¿Qué podemos hacer nosotros? ¿Piensas que hacemos lo que podemos?
3. ¿Qué opinas de la política de tu país en el cuidado de la naturaleza? ¿Crees que es buena, mala, suficiente, insuficiente, inexistente?
4. ¿Qué más se puede hacer?
5. ¿Crees que todavía tenemos tiempo de reaccionar o que ya es demasiado tarde?
6. ¿Te preocupa cómo va a ser el mundo después de cien años? ¿Cómo te lo imaginas?

Viajes y geografía

Acento **Castellano** Duración **05:30**

11

El Camino de Santiago

Peregrinos en Finisterre

Peregrinos en el Camino de Santiago

Autor original: Alicia López / Punto y Coma
Locución: Rosa Puga

EL CAMINO DE LAS ESTRELLAS

Compostela significa campo de las estrellas (*campus stellae*) porque los primeros peregrinos[1] llegan a Santiago de Compostela siguiendo las estrellas: la Vía Láctea.

El origen de ese viaje es el descubrimiento del sepulcro[2] del apóstol Santiago en el Siglo IX en Compostela. Aunque en esa época (la Edad Media) Galicia está en el "final de la Tierra", muchos peregrinos de diferentes lugares viajaron hasta allí, y así surgió el Camino de Santiago.

La importancia del Camino empieza en 1120 cuando el papa Calixto II decide conceder la indulgencia plena[3] a los peregrinos si realizan el Camino durante un Año Santo Compostelano o Año *Xacobeo.* El Año Santo se produce cuando el día de Santiago, el 25 de julio, es domingo. Por eso, los años 2010 y 2021 son Años Santos.

GLOSARIO

1 peregrino: persona que por motivos religiosos hace un largo camino a pie hasta llegar a un lugar santo **2 sepulcro:** lugar en el que está enterrada una persona; es decir, en el que se la coloca bajo tierra una vez que ha muerto **3 indulgencia plena:** perdón total de los pecados que la Iglesia da y que garantiza que una persona irá al cielo

Fachada del Obradoiro (Catedral de Santiago)

GLOSARIO

4 obispos andaluces: obispos de Andalucía; el obispo es un alto cargo de la Iglesia **5 transitar:** ir o pasar de un lugar a otro; un camino transitado es un camino por el que pasa mucha gente

Los Caminos de Santiago

Los caminantes recorrían diferentes caminos para llegar hasta Santiago de Compostela:

– **Camino Inglés.** Los peregrinos llegaban de Gran Bretaña a los puertos de A Coruña y Ferrol por el océano Atlántico. Desde allí caminaban unos cien kilómetros hasta llegar a Santiago.

– **Camino Portugués.** Los portugueses iban desde Coimbra hasta Santiago por la costa de Portugal. Recorrían más de 300 km.

– **La Vía de la Plata.** Era el camino del sur de España. Era el más largo. Iban desde Sevilla hasta Santiago por la frontera de Portugal. Los obispos andaluces[4] enviaban la plata a la Catedral compostelana por este camino.

– **Camino Francés.** Es el más transitado[5] de todos todavía hoy. Los caminantes del este y el centro de Europa se encontraban en Saint Jean Pied de Port, en Francia, pasaban los Pirineos, recorrían la meseta de Castilla y llegaban a Galicia por uno de los puntos más altos del Camino, la montaña de O Cebreiro.

Detalle del Pórtico de la Gloria

El Camino de Santiago en el siglo XXI

Actualmente el Camino de Santiago sigue siendo una ruta[6] de gran importancia, especialmente el Camino Francés. Peregrinos de todas partes del mundo llegan para visitar el santo sepulcro. Antes los motivos para realizar el viaje eran religiosos. Ahora los peregrinos también hacen el Camino por motivos deportivos, culturales, sociales o religiosos. Durante el Camino, los peregrinos suelen descansar en los albergues[7] públicos y privados. Allí sellan[8] la credencial, que es una especie de pasaporte que indica los lugares que recorre el peregrino. Si el peregrino demuestra que ha realizado el Camino a pie (un mínimo de cien kilómetros) por motivos religiosos, la Iglesia le da un certificado que se llama la "Compostelana".

El peregrino también puede aprender historia y arte en el Camino. Los pueblos y aldeas desde Francia hasta la Catedral de Santiago están llenos de monasterios, catedrales, iglesias y puentes medievales.

Cuando el peregrino llega a Santiago, entra en la Catedral por el Pórtico de la Gloria, una de las obras más bellas del arte románico[9]. Es un momento emocionante e íntimo[10]. Allí sigue el ritual[11]: apoya[12] la mano en la inmensa columna[13] como señal de admiración y reflexión, y choca[14] la cabeza con la figura del maestro Mateo, autor del Pórtico, porque dicen que así recibe parte de su talento[15]. Algunos también le dan un abrazo al apóstol.

El Camino de Santiago está hoy tan vivo como entonces. Después de unos siglos de decadencia[16], se recuperó[17] a finales del siglo pasado, en 1993, con motivo de la celebración del Año *Xacobeo,* y fue declarado[18] Patrimonio de la UNESCO. Este organismo había declarado a la ciudad de Santiago de Compostela Patrimonio de la Humanidad en 1985.

El número de peregrinos sigue creciendo todos los años, aunque las últimas teorías dicen que el apóstol no está enterrado en Santiago. ■

GLOSARIO

6 ruta: camino, itinerario **7 albergue:** lugar sencillo para dormir **8 sellar:** poner una marca o sello **9 románico:** estilo arquitectónico de las iglesias y catedrales que se construyen en Europa entre los siglos XI y XIII **10 íntimo:** sentimiento o cualidad interior a la persona, que no se muestra hacia afuera **11 ritual:** conjunto de ceremonias religiosas **12 apoyar:** descansar una cosa sobre otra para que no se caiga **13 columna:** barra vertical de gran altura que sujeta el techo **14 chocar:** golpear una cosa con otra **15 talento:** inteligencia **16 decadencia:** proceso por el que un estado, institución o costumbre va perdiendo fuerza, se va haciendo débil **17 recuperarse:** volver a tener fuerza **18 declarar:** decir públicamente, establecer

ACTIVIDADES DE LENGUA Y CULTURA

SANTIAGO DE COMPOSTELA

COMPRENSIÓN

A) Señala los temas que se tratan en el texto.

origen del Camino   procedencia de los peregrinos   comida   arte   razones para hacer el Camino
poblaciones del Camino   llegada a la catedral   origen del nombre   importancia del Camino   rutas
llegada a Santiago   actividades realizadas por los peregrinos   ropa del peregrino   deportes practicados

B) Ordena los temas según el texto.

1. Origen del nombre. 2. ______________ 3. ______________ 4. ______________
5. ______________ 6. ______________ 7. ______________ 8. ______________

C) Relaciona.

Nombre del Camino
Camino Inglés
Camino Francés
Camino Portugués
Vía de la Plata

Ruta
Sur de España - Santiago
Coimbra - Santiago
Gran Bretaña - Santiago
Europa - Santiago

D) Indica si es verdadero o falso y por qué.

	V	F	¿Por qué?
1. Los peregrinos seguían las estrellas para llegar a Santiago.			
2. Todos los caminantes hacen el camino por cuestiones religiosas.			
3. El camino de los peregrinos era y es un camino fácil y divertido.			
4. Para tener la indulgencia plenaria tienes que hacer un mínimo de kilómetros.			
5. El camino más corto es el de Andalucía.			

E) Señala en el mapa las rutas que seguían los peregrinos para llegar a Santiago.

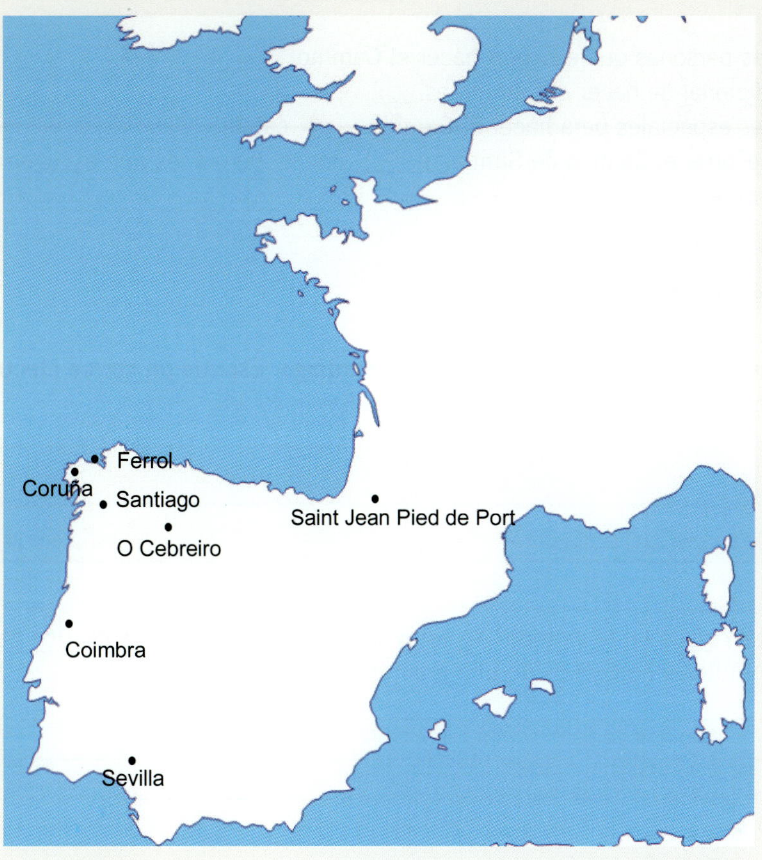

F) Busca esta información en el texto.

1. Credencial: ____________________.
2. Ritos de los peregrinos cuando entran a la catedral: ____________________.
3. Razones por las que el Camino de Santiago es importante: ____________________.

LÉXICO Y GRAMÁTICA

G) Completa estas frases.

1. Los primeros peregrinos fueron a Santiago porque querían __________.
2. Los peregrinos que hacen el Camino por razones de fe llevan la credencial para __________.
3. Si quieres hacer el Camino de Santiago en Año Santo Compostelano, el 25 de julio tiene __________.
4. El Camino de Santiago también es un camino cultural porque __________.

H) Imagina qué hacían o podían hacer antes los peregrinos en el Camino de Santiago. ¿Qué hacen ahora?

Antes: ____________________

____

Ahora: ____________________

____

I) Los peregrinos suelen hacer el Camino andando, pero hay otras maneras de hacer el Camino. Completa las frases colocando la preposición adecuada.

1. Cada vez son más las personas que escogen hacer el Camino _____ bicicleta.
2. La manera más tradicional de hacer el Camino es _____ pie.
3. Hay rutas y albergues especiales para hacer el Camino _____ caballo.
4. También se puede recorrer el Camino de Santiago _____ coche; pero a los que escogen este medio de transporte no se les considera peregrinos.

COMPOSICIÓN / EXPRESIÓN ORAL

J) Imagina que has hecho el Camino Francés para llegar a Santiago. Escribe un correo electrónico a un amigo explicándole el viaje: ruta, cultura, alojamiento, llegada a Santiago, etc.

Para:
Asunto:
Querid ____________ : ¿Cómo estás? ¿Qué tal te va todo? Yo estoy muy feliz en España. Te escribo para contarte mi último viaje. Ha sido una gran experiencia. ____________________ ____________________ ____________________ Un abrazo,

CONVERSACIÓN / EXPRESIÓN ORAL

K) Para hablar en clase

1. ¿Qué piensas del Camino de Santiago?
2. ¿Por qué piensas que la gente hace el Camino de Santiago?
3. ¿Te gustaría hacerlo? ¿Por qué?
4. ¿Por qué piensas que una costumbre tan antigua y religiosa se puede poner de moda en el mundo moderno en el que vivimos?
5. ¿Qué temas del texto te han interesado más? ¿Cuáles menos? ¿Por qué?
6. ¿Hay en tu país algún lugar de peregrinación? ¿En qué se parece al Camino de Santiago?

TAREA

Organiza un viaje con tus compañeros para hacer el Camino de Santiago.
Presenta una propuesta que tenga en cuenta: el presupuesto económico, el itinerario, el transporte hasta el inicio del Camino, el número de personas que harán el Camino, el lugar en el que empezaréis, la manera de hacer el Camino (a pie o en algún otro medio), los días que estaréis haciendo el Camino, las etapas...

Para hacerlo puedes usar la información que encontrarás en Internet: www.elcaminoasantiago.com

Autor original: Irene Benito / Punto y Coma

Locución: Jorge Cassino

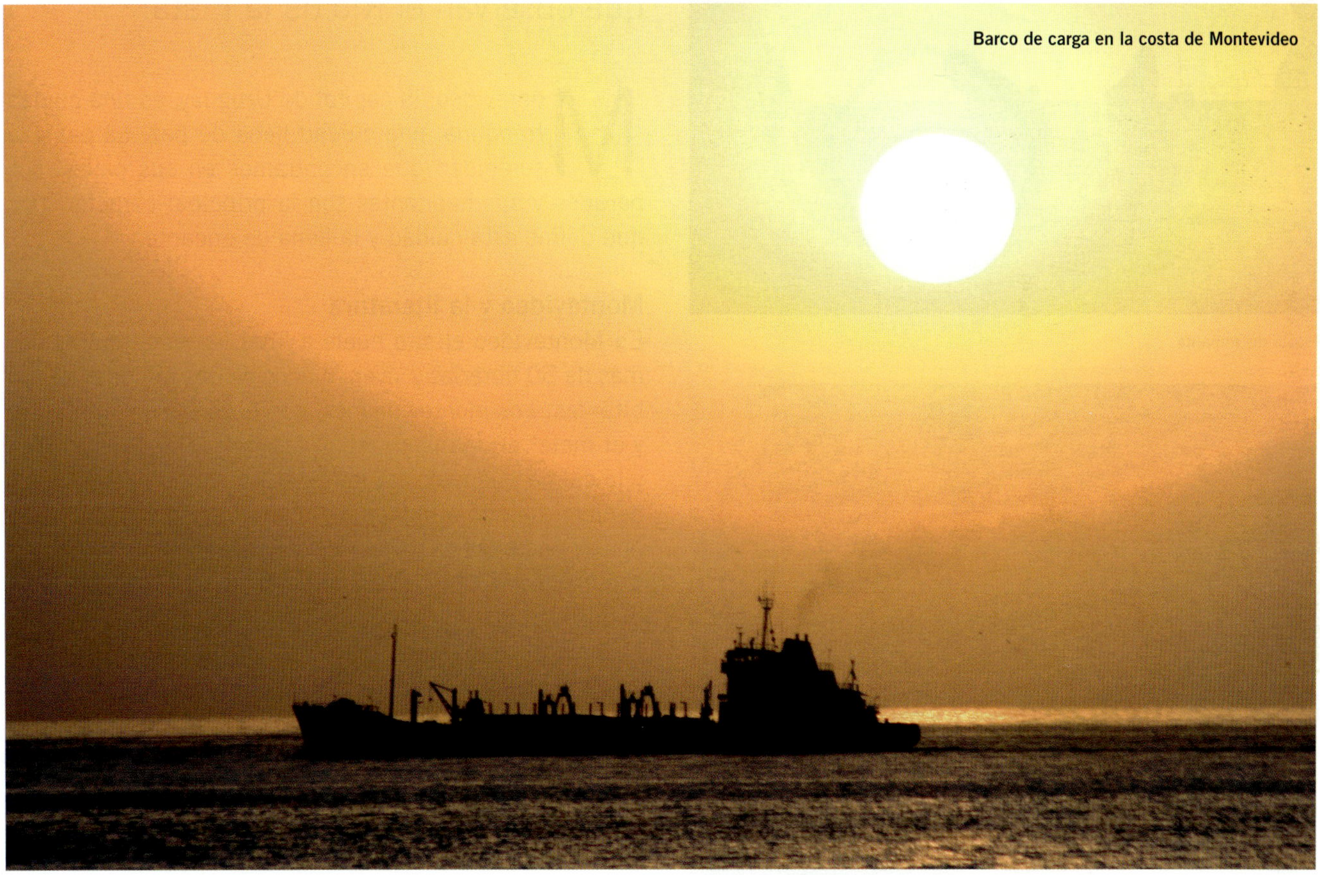

Barco de carga en la costa de Montevideo

Montevideo: LA CIUDAD DEL ALEGRE PORVENIR[1]

Fiesta de Yemanjá

Cuando atardece[2], el sol, redondo y débil, se confunde[3] con la luna. Su luz ciega[4] a los pescadores y a todas las personas que observan el Río de la Plata.

Montevideo, la capital de Uruguay, es una ciudad tranquila, una ciudad llena de paz. La paz y la serenidad que encontramos en sus calles, sus parques y sus habitantes son la principal característica que define esta ciudad y la llena de encanto.

Montevideo y la literatura

En Montevideo el aire huele a libro: en esta ciudad hay más de 50 librerías y viven menos de dos millones de habitantes. Los montevideanos, con el termo[5] bajo el brazo y el mate[6] en la mano, todavía disfrutan de la intimidad y la calma que necesita la literatura. Los montevideanos dedican tiempo a la lectura solitaria del periódico y a la discusión colectiva de las noticias. Un ejemplo es el poeta y narrador[7] Mario Benedetti (1920 - 2009). Su obra puede ser una reflexión crítica sobre la prisa. El escritor Felisberto Hernández (1902-1964) también transmite esta misma idea en su cuento *La casa nueva,* cuando nos dice que Montevideo es "una ciudad lenta".

La hospitalidad

Montevideo es una ciudad con características propias: la pausa del café, las costumbres de los barrios[8], el asado, las pastas, el fútbol de Peñarol y la milonga[9], pero también sus características son la paz, la serenidad y la hospitalidad.

Montevideo en Carnaval

GLOSARIO ESPAÑOL

1 porvenir: futuro **2 atardecer:** empezar a hacerse de noche **3 confundirse:** (aquí) no distinguirse, parecer lo mismo **4 cegar:** no dejar ver **5 termo:** frasco o botella que conserva la temperatura del líquido **6 mate:** infusión similar al té que toman los argentinos y los uruguayos **7 narrador:** el que cuenta una historia **8 barrio:** zona de una ciudad **9 milonga:** lugar en el que se bailan tangos

La hospitalidad es el rasgo más característico de Montevideo. En esta ciudad tratan con mucha amabilidad a los extranjeros. Los turistas tienen allí toda la información y atención que necesitan.

Tratan así a los extranjeros porque muchos de los antepasados[10] de los montevideanos llegaron al Río de la Plata en el siglo XX desde otras tierras para tener una vida mejor: para "hacer la América[11]".

Pero también muchas personas salieron de Montevideo en la década[12] de los sesenta (1960) por problemas económicos y políticos. El Ministerio de Relaciones Exteriores calcula que más del 20% de la población nacional reside[13] en el exterior, sobre todo en Argentina, España, Estados Unidos y Brasil. En aquellos años se hizo popular la expresión "el último que apague la luz".

Vecinas de la ciudad vieja de Montevideo

Ritual en la noche de Yemanjá

El porvenir

El Montevideo actual es el lugar de esperanza que imaginó el escritor Eduardo Galeano, autor de *Las venas abiertas de América Latina,* cuando expresó: "Hay un único lugar donde ayer y hoy se encuentran y se reconocen y se abrazan. Ese lugar *es mañana".*

Anochece[14]. Las calles empiezan a dormir. El bienestar se siente en este lugar del Río de la Plata que parece tener un alegre porvenir. ■

GLOSARIO ESPAÑOL

10 antepasado: persona de la que descendemos, padres, abuelos, bisabuelos... **11 hacer la América:** hacerse rico; esta expresión se usaba en el siglo pasado para señalar que alguien se había hecho rico en América **12 década:** período de diez años **13 residir:** vivir **14 anochecer:** empezar la noche

ACTIVIDADES DE LENGUA Y CULTURA

MONTEVIDEO

COMPRENSIÓN

A) Escribe los cuatro temas que se tratan en el texto al inicio de cada columna.

los espectáculos en Montevideo el ritmo de vida el crecimiento económico
el carácter de su gente la política las costumbres los escritores uruguayos

1. ________	2. ________	3. ________	4. ________

Completa la tabla relacionando las siguientes palabras con su tema correspondiente.

la calma la serenidad el asado el cuento la prisa la paz el mate la ciudad lenta
el narrador la hospitalidad el fútbol el poeta los libros la novela la amabilidad
la milonga el termo la pausa para el café el amor al extranjero la lectura solitaria

B) Indica si es verdadero o falso y por qué.

	V	F	¿Por qué?
1. En Montevideo la luz del sol del atardecer es cegadora.			
2. Hay demasiadas librerías en una ciudad de menos de dos millones de habitantes.			
3. Los habitantes de Montevideo solo leen el periódico para poder discutir en grupo las noticias.			
4. Algunos escritores dicen que actualmente Montevideo es una ciudad rápida.			
5. En esta ciudad son muy amables con los extranjeros.			

	V	F	¿Por qué?
6. Solo a partir de 1960 conviven en Montevideo personas de muchas nacionalidades diferentes.			
7. El escritor Eduardo Galeano escribe y reflexiona sobre Latinoamérica.			

LÉXICO Y GRAMÁTICA

C) Completa las palabras añadiendo las vocales que faltan y elige la definición de la palabra que aparece en el texto.

1. la m_l_ng_	a) música típica argentina y uruguaya; y lugar en el que se bailan tangos y milongas. b) fiesta familiar con baile.
2. el _s_d_	a) carne de cordero cruda. b) carne hecha al fuego en la barbacoa o al horno.
3. el t_rm_	a) recipiente para contener líquido. b) recipiente que conserva el líquido caliente.
4. el c_ _nt_	a) asunto o negocio que nunca termina. b) narración corta de carácter fantástico.
5. el m_t_	a) jugada final del ajedrez. b) infusión que se obtiene de las hojas secas de una planta de América.
6. el _m_gr_nt_	a) persona que se traslada de un país a otro. b) persona que llega a un país para establecerse en él.

D) Completa la tabla con el adjetivo correspondiente y su antónimo. Algunos antónimos pueden usarse con más de un adjetivo, y algún adjetivo puede tener más de un antónimo.

íntimo	antipático	desagradable	amable	individual
rápido	público	guerrero	inquieto	colectivo
sereno	pacífico	simpático	excitado	intranquilo
tranquilo	lento	nervioso	calmado	

SUSTANTIVO	ADJETIVO	ANTÓNIMO
1. la simpatía		
2. la amabilidad		
3. la serenidad		
4. la lentitud		
5. la calma		
6. la paz		
7. la tranquilidad		
8. la colectividad		
9. la rapidez		
10. la intimidad		

E) Une las dos columnas con la preposición adecuada.

1. oler		otras tierras
2. llevar el mate	en	la lectura
3. dedicar tiempo	de	mucho encanto
4. no tener tiempo	a	café recién hecho
5. ser amable	con	los extranjeros
6. venir		la mano
7. ser una ciudad		hacer nada

COMPOSICIÓN / EXPRESIÓN ESCRITA

F) Redacta un breve anuncio publicitario para atraer turistas al lugar en el que vives.

____

____

____

CONVERSACIÓN / EXPRESIÓN ORAL

G) Para hablar en clase

1. Montevideo es una ciudad sin prisa. ¿Crees que tu ciudad es también lenta y calmada?
2. Para poder vivir bien en una ciudad, ¿qué tiene que tener esa ciudad?
3. ¿Qué es lo que más te gusta del lugar en el que vives? ¿Y lo que menos?
4. ¿Piensas que en la sociedad actual siempre tenemos sensación de prisa? ¿Por qué?
5. Piensa en la siguiente frase del escritor Eduardo Galeano: "Hay un único lugar donde ayer y hoy se encuentran y se reconocen y se abrazan. Ese lugar es mañana". ¿Qué crees que quiere decir?

Autor original: Clara de la Flor / Punto y Coma

Locución Daniel Ramírez

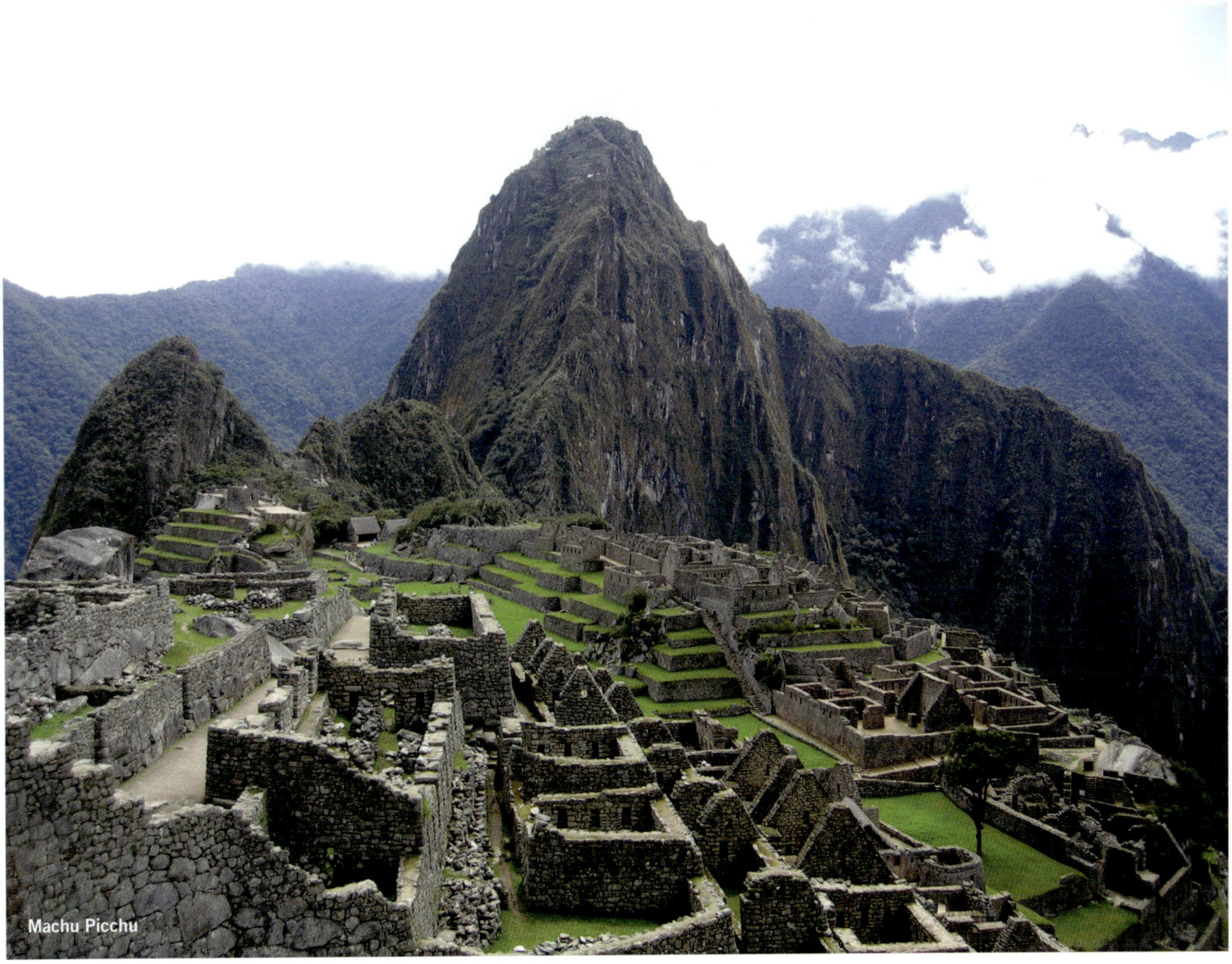

Machu Picchu

MARAVILLAS que hablan español

Pirámide de Chichén Itzá

Entre las grandes maravillas del mundo del arte, tres están en países en los que se habla español: Chichén Itzá, en México; Machu Picchu, en Perú; y la Alhambra de Granada, en España.

Chichén Itzá (México)

Los mayas fundaron la ciudad de Chichén Itzá que está en la península de Yucatán, en México. Chichén fue la capital del Yucatán cuando llegaron los toltecas, un pueblo invasor[1], en el siglo X. En ese momento la ciudad empezó a tener una gran importancia religiosa y se construyeron grandes templos que están muy bien conservados todavía: el templo de los Guerreros y el de las Mil Columnas y, sobre todo[2], la pirámide de Kukulcán, una de las más altas de la arquitectura maya. Esta impresionante pirámide tiene 365 escalones[3], los mismos días que tiene el año solar. En ese templo adoraban a Kukulcán, "serpiente emplumada" en maya, y a Quetzalcóatl, también la "serpiente emplumada" para los toltecas y aztecas. En este lugar se ofrecían sacrificios humanos.

En 1988 la UNESCO declaró a Chichén Itzá Patrimonio de la Humanidad.

Machu Picchu (Perú)

Los incas construyeron en el siglo XV el Santuario Histórico de Machu Picchu, que tiene más de 32.592 hectáreas, entre las cimas[4] de las montañas Machu Picchu (Montaña Vieja) y Wayna Picchu (Montaña Joven). Estas montañas forman parte de la cordillera[5] central de los Andes peruanos.

GLOSARIO ESPAÑOL

1 invasor: que llega a un lugar que no es suyo y lo domina por la fuerza, se hace dueño de él **2 sobre todo:** especialmente **3 escalón:** cada una de las partes de la escalera en las que se pone el pie para subir o bajar **4 cima:** punto más alto de una montaña **5 cordillera:** conjunto de montañas

La ciudad está situada a 2.432 metros sobre el nivel del mar y era la zona de descanso y el escondite[6] del emperador Inca Pachakuteq. En la ciudad había tres tipos de residencias: las del rey, las de la aristocracia y las religiosas.

Los incas construyeron esta ciudad en la época de esplendor del Imperio en el siglo XV, pero cuando los españoles llegaron a esta zona, cerca de la ciudad de Cuzco, se fueron de allí. Todos estos edificios están realizados con grandes bloques de piedra llenas de ángulos que sirven para unirlas.

Hay dos fechas muy importantes para esta ciudad: 1532 y 1911. En 1532 los españoles conquistaron Perú, y abandonaron y olvidaron este lugar. En 1911 el historiador estadounidense[7] Hiram Bingham lo descubrió.

Ese lugar se conserva en perfecto estado y cuando los turistas caminan por allí, sienten que caminan por un verdadero pueblo inca.

También es Patrimonio de la Humanidad desde 1983.

Palacio de La Alhambra

La Alhambra (España)

La Alhambra está en las orillas[8] del río Darro sobre una colina[9] rocosa, protegida por las montañas y rodeada de bosque. Es un inmenso y elegante palacio árabe de tonos rojizos[10]. Sus murallas son rojas porque están construidas con la arcilla[11] del lugar. La palabra Alhambra procede del árabe *Al-Hamrá,* cuyo significado es "fortaleza[12] roja".

Cuando los Reyes Católicos conquistaron Granada, terminó un esplendoroso[13] Gobierno musulmán en una parte de España que duró alrededor de 800 años. El último rey nazarí[14] de Granada que vivió allí fue Boabdil "el Chico", que no supo defender la ciudad porque estuvo más preocupado por las fiestas que por el gobierno de su pueblo. Cuando Boabdil abandonó Granada para ir al destierro[15], se detuvo sobre una colina y miró por última vez su palacio, la Alhambra. Suspiró y empezó a llorar. Su madre le dijo las famosas palabras: "Llora, llora como mujer lo que no has sabido defender como hombre". La colina se llama ahora El Suspiro[16] del Moro.

La Alhambra es un lugar mágico, y es, por su belleza, uno de los monumentos históricos más visitados del planeta. Entre ocho y diez mil viajeros la visitan cada día. ■

GLOSARIO ESPAÑOL

6 escondite: lugar para esconderse, para ocultarse, para no ser visto **7 estadounidense:** de Estados Unidos **8 orilla:** parte de la tierra que está al lado del mar o de un río **9 colina:** montaña pequeña **10 tono rojizo:** color que se acerca al rojo **11 arcilla:** tierra roja que se mezcla con agua para hacer recipientes y ladrillos **12 fortaleza:** castillo muy difícil de invadir, muy preparado para la defensa **13 esplendoroso:** lleno de esplendor, de riqueza y prosperidad **14 nazarí:** última dinastía musulmana del reino de Granada **15 destierro:** prohibición de estar en tu tierra, en el lugar en el que has nacido y vives **16 suspirar:** aspirar el aire con fuerza produciendo un ruido que muestra la pena

ACTIVIDADES DE LENGUA Y CULTURA

MARAVILLAS QUE HABLAN ESPAÑOL

COMPRENSIÓN

A) Señala los temas que se tratan en el texto.

el final del reino musulmán en España · tradiciones aztecas · ropa inca
historia de Chichén Itzá · tradiciones árabes en España · deportes españoles
música tradicional mexicana · los Reyes Católicos · Imperio inca
religiones · poblaciones precolombinas en América (antes de la llegada de Colón)

1. ______________________
2. ______________________
3. ______________________
4. ______________________

B) Escribe los cuatro temas al inicio de cada columna y añade las palabras del texto relacionadas con cada tema.

castillo · los Andes · residencias · Reyes Católicos · pirámide · emperador · color
rojo · incas · antiguos dioses mayas · mayas · templos · toltecas

C) Relaciona los números con su significado.

2432	Fecha de la llegada de los españoles a Perú
1988	Los años que vivieron los árabes en España
800	Los metros sobre el nivel del mar a los que está Machu Picchu
1532	Año en el que Chichén Itzá fue Patrimonio de la Humanidad por la UNESCO

D) Relaciona.

mayas	España
incas	México
árabes	Perú
toltecas	México

E) Indica si es verdadero o falso y por qué.

	V	F	¿Por qué?
1. La Alhambra está en Granada.			
2. Los españoles llegaron a Perú en el siglo XV.			
3. El reino árabe en España duró ocho siglos.			
4. Machu Picchu está a muchos metros sobre el nivel del mar.			
5. Boabdil era una mujer.			
6. Los toltecas fundaron la ciudad de Chichén Itzá.			
7. En Chichén Itzá se mataban personas en ritos religiosos.			

F) Responde las siguientes preguntas.

1. ¿Quién fue Hiram Bingham y qué hizo? ____________________
2. ¿Boabdil fue un buen rey? ¿Por qué?____________________
3. ¿Cómo se llama la pirámide más alta de Chichén Itzá? ¿Cuántos escalones tiene? ____________________

LÉXICO Y GRAMÁTICA

G) Mira las siguientes palabras y busca su explicación.

residencia	montaña pequeña
pueblo	pared que rodea una ciudad
muralla	casa, hogar
colina	construcción de valor artístico que la gente visita
monumento	ciudad muy pequeña

H)Completa las siguientes frases colocando los verbos en pretérito indefinido.

Los españoles (1 llegar) ______________ a América en 1492. Colón (2 viajar) ___________ con tres barcos: la Pinta, la Niña y la Santa María. Los españoles (3 descubrir) ____________________ en Ámerica otras culturas, ciudades y lenguas. Colón (4 hacer) ____________________ varios viajes desde España hasta el continente americano, pero (5 morir) ____________________ sin saber que la tierra a la que (6 llegar) ____________________ era un "nuevo" continente.

I) Construye frases utilizando la preposición adecuada.

1. Chichén Itzá fue fundada	en	las montañas.
2. Los Reyes Católicos expulsaron a los árabes	entre	países hispanohablantes.
3. Machu Picchu está	por	los mayas.
4. Muchos monumentos importantes están	con	piedra.
5. Los incas construyeron Machu Picchu	de	Granada.

COMPOSICIÓN / EXPRESIÓN ESCRITA

J) ¿Te ha gustado especialmente algún monumento de los que has visitado en los últimos dos años? Escribe un texto para tus compañeros explicando cómo es ese monumento, en qué lugar está y por qué te ha gustado. Escribe entre 80 y 100 palabras.

Hace ____________________ meses / años estuve en ____________________

CONVERSACIÓN / EXPRESIÓN ORAL

K) Para hablar en clase

1. ¿Conoces alguna de las maravillas de las que habla el texto? Si es así, cuéntales a tus compañeros tu experiencia.
2. ¿En tu país hay algún monumento muy importante? ¿Cuál? ¿Por qué es importante?
3. ¿Qué monumento te gustaría conocer? ¿Por qué?
4. ¿Cuál es el monumento más bonito que has visto?

TAREA

En grupos de tres personas pensad en algún otro monumento importante de España o de otro país hispanohablante. Buscad información sobre su historia, su arte y su importancia. Preparad una presentación con fotos en PowerPoint para exponerlo en clase.

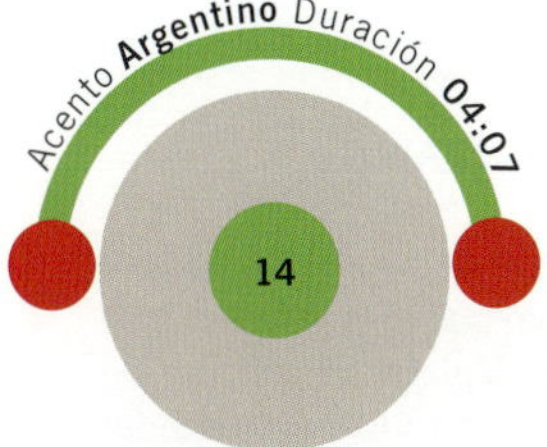

Autor original: Luciana Ferrando / Punto y Coma

Locución: Jorge Cassino

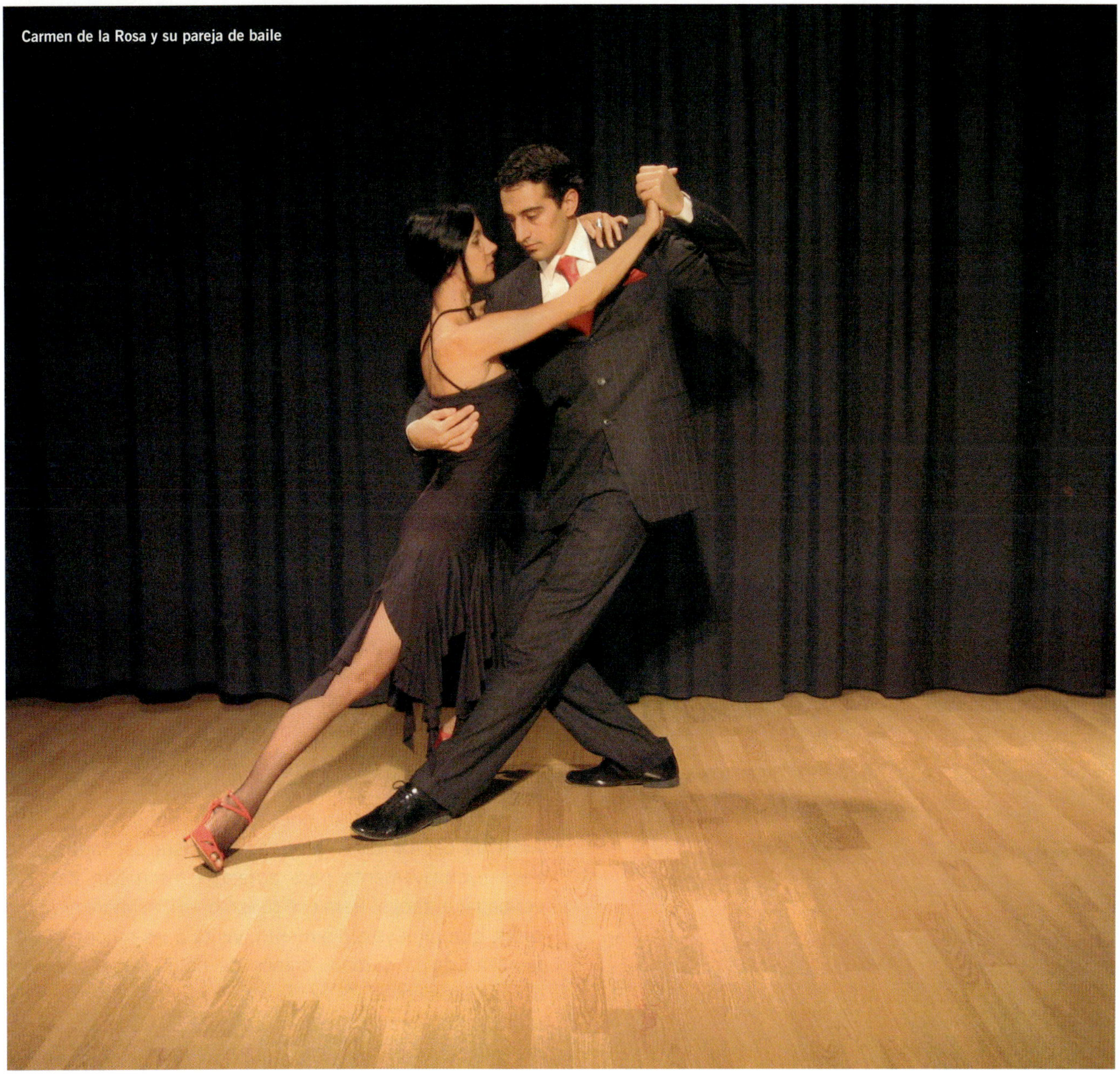

Carmen de la Rosa y su pareja de baile

GLOSARIO ESPAÑOL

1 albergue: especie de hotel sencillo y pequeño **2 milonga:** lugar en el que se baila tango **3 rioplatense:** del Río de la Plata, de Buenos Aires **4 enlazado:** unido **5 compás:** ritmo de una pieza musical **6 letra:** (aquí) texto de una canción **7 asado:** en Argentina carne asada a la brasa (con carbón encendido); en España, carne asada al horno **8 lunfardo:** variedad del español rioplatense, muy influida por el italiano; los tangos están llenos de palabras del lunfardo

TANGO en Buenos Aires

Las actividades turísticas dedicadas al tango en Buenos Aires son muchas y muy variadas: clases de tango personalizadas, albergues[1] propios, diseñadores de zapatos y vestuario, las mejores milongas[2] de la ciudad...

La Real Academia Española define al tango como "baile rioplatense[3], difundido internacionalmente, de pareja enlazada[4] y compás[5] de dos por cuatro. Música de este baile y letra[6] con que se canta". La palabra tango también significa para sus seguidores "pasión".

Últimamente hay un nuevo tipo de turista en Buenos Aires, la capital de Argentina: el turista del tango, que llega exclusivamente para aprender, escuchar, bailar y ver bailar el tango. Para ese turismo, existe ahora el *tango tours*, que incluye alojamiento, visita a las milongas más famosas de la ciudad, clases de baile personalizadas, asados[7] de despedida y compra de zapatos. Este turismo también ha creado "nuevas profesiones", como profesores especiales de lunfardo[8] para entender mejor las letras de los tangos y el *taxi dancer*, pareja de baile por horas para las personas que no tienen pareja.

Los albergues *tango friendly*

Hay también alojamientos especiales para los "tangueros": los albergues *tango friendly*.

Muchas casonas[9] en los barrios de San Telmo, Palermo o Almagro son ahora albergues que alojan únicamente a amantes del tango. En estos albergues, además de dormir y desayunar, se toman clases de tango y los turistas pueden conocer a otros aficionados milongueros.

Bailarines por horas

Los turistas que no tienen pareja de baile pueden contratar[10] por horas a un *taxi dancer* o *tango partner*, y así el tanguero o tanguera puede ir a la milonga y bailar con alguien, y no tiene que estar aburrido sentado en una silla. Estos acompañantes tangueros conocen de memoria los "santuarios" del tango de la ciudad. De esta manera, el visitante tiene la posibilidad de sentirse de Buenos Aires mientras dura el baile.

Entre zapatos, asaditos y espectáculos

El zapato es un elemento muy importante para el tango: las mujeres necesitan unos "tacos"[11] altísimos y los hombres se ponen los "tamangos"[12] muy brillantes. En Buenos Aires hay muchas zapaterías dedicadas exclusivamente a los zapatos de tango, como Victorio, Neo o Tango 8.

También es muy típica la parrillada[13] o el asado con la famosa carne argentina, preparada por auténticos gauchos[14] y con músicas tradicionales, como el pericón o la chacarera.

Al turista tanguero le gusta también observar a los expertos y por eso en las vacaciones de baile también organizan visitas a *shows*. En estos *shows*, la pareja baila cuerpo a cuerpo con armonía[15] y haciendo figuras acrobáticas. ■

Caminito

Mural de Carlos Gardel

GLOSARIO ESPAÑOL

9 casona: casa grande **10 contratar:** llegar a un acuerdo con alguien para pagarle dinero a cambio de su trabajo **11 tacos:** en Argentina, zapatos de tacón (zapatos altos de señora) **12 tamangos:** en Argentina, zapatos especiales de caballero para bailar tango **13 parrillada:** carne asada en la parrilla (reja de metal sobre la que se pone la carne sobre la brasa o con carbón encendido) **14 gaucho:** en Argentina, hombre del campo, pastor que va a caballo **15 armonía:** combinación de sonidos o movimientos acordes y bellos

ACTIVIDADES DE LENGUA Y CULTURA

TANGO EN BUENOS AIRES

COMPRENSIÓN

A) Señala cuatro temas que se tratan en el texto.

los argentinos	la descripción del tango	la gastronomía	la vida política
el turismo organizado	las costumbres sociales	el alojamiento para tangueros	

Completa la tabla relacionando las siguientes palabras con su tema correspondiente. Escribe también el artículo determinado para cada palabra.

TEMA	VOCABULARIO
______ pasión	
______ carne	
______ albergue	
______ compás	
______ visita	
______ clases	

B) Elige la opción adecuada según el texto.

1. El tango es un baile que
a) se conoce en el mundo entero.
b) se practica con dos o cuatro personas.
c) se puede aprender con pasión.

2. En Buenos Aires hay una clase nueva de turismo que
a) quiere conocer las ciudades más famosas de Argentina.
b) viaja para aprender el lunfardo.
c) es aficionada al tango.

3. En Buenos Aires hay albergues especiales para
a) todos los acompañantes.
b) los aficionados al tango.
c) para los amantes del turismo de compras.

4. Los viajeros que llegan a Buenos Aires sin pareja de baile
a) pueden contratar a alguien para bailar.
b) tienen que contratar a alguien para participar en las actividades del circuito.
c) normalmente conocen los lugares sagrados del tango.

5. A los turistas amantes del tango les gusta
a) alquilar calzado exclusivo.
b) aprender a preparar las parrilladas.
c) disfrutar de espectáculos de tango.

C) Ordena las siguientes frases.

1. por cuatro. / un baile rioplatense / El tango es / que tiene un / compás de dos
2. El turista del tango / para aprender / viaja a Buenos Aires / escuchar y ver / a bailar y para / bailar el tango.
3. lunfardo ayudan / letras de los tangos. / Los profesores de / a comprender las
4. especiales donde / se alojan los / Hay barrios / amantes del tango.
5. Para bailar / de baile. / tango es / necesario tener / una pareja
6. existen muchas / zapatos de tango / En Buenos Aires / y para mujeres. / tiendas especializadas en / para hombres
7. Se puede disfrutar / del país. / de la típica / música tradicional / carne argentina escuchando
8. Los tangueros / muy juntos con / profesionales bailan / gran armonía realizando / mismo tiempo. / figuras acrobáticas al

LÉXICO Y GRAMÁTICA

D) Completa el siguiente texto con las palabras que faltan: letras, hacer, pareja, compras, viajes, ver, desayuno, los amantes, turístico, de baile.

Se ha creado una nueva forma de (1) ______________ turismo en Buenos Aires para (2) ______________ del tango. Se organizan (3) ______________ en los que, además de disfrutar de clases personalizadas (4) ______________ y visitar los lugares más representativos para escuchar y (5) ______________ bailar el tango, se puede contratar una (6) ______________ de baile y recibir clases especiales de lunfardo para entender (7) las ______________ de los tangos. Este paquete (8) ______________ también incluye el alojamiento en Buenos Aires en régimen de habitación y (9) ______________ y la posiblidad de ir de (10) ______________ y visitar las zapaterías especializadas en calzado para bailar tango.

E) Relaciona las palabras con el significado que tienen en este texto.

1. El compás	a) Ritmo de una pieza musical. b) Objeto que sirve para hacer círculos.
2. La letra	a) Dibujos escritos que forman palabras. b) Texto de una canción.
3. El lunfardo	a) Idioma que se emplea en canciones típicas de Latinoamérica. b) Antiguamente, habla de la gente de clase baja de los alrededores de Buenos Aires.
4. El tanguero	a) Persona que viaja a Buenos Aires en un viaje especializado en tangos. b) Aficionado al tango. También autor o intérprete de tangos.
5. El asado	a) Carne cocinada en el fuego o en el horno. b) Persona que tiene mucho calor.

F) ¿Te gusta bailar? ¿Qué sabes de los siguientes bailes? Relaciónalos con algún o algunos países.

1. tango	Cuba
2. sevillana	Argentina
3. vals	España
4. chachachá	Brasil
5. merengue	Estados Unidos
6. samba	África
7. rumba	Austria
8. pasodoble	República Dominicana
9. *rock and roll*	

COMPOSICIÓN / EXPRESIÓN ESCRITA

G) Vas a estar un mes en Argentina y quieres aprender a bailar el tango, pero también mejorar tu español. Redacta un correo dirigido a un centro tanguero en el que solicitas información y precios sobre: alojamiento, clases de tango y de español, actividades complementarias, compras y excursiones turísticas. Escribe entre 60 y 70 palabras.

Para: masquetango@gplata.ar

Asunto:

Estimados Sres,

Mi nombre es ______________________ y soy un apasionado de la cultura y la lengua de su país. Les escribo porque ______________________

____

Les doy las gracias por su atención y por la respuesta.
Un saludo,

CONVERSACIÓN / EXPRESIÓN ORAL

H) Para hablar en clase

1. ¿Te gusta bailar?
2. ¿Qué bailes practicas?
3. ¿Te parece una buena idea organizar este tipo de actividades turísticas? ¿Por qué?
4. ¿Es tu país un destino turístico? ¿Por qué?

TAREA

Imagínate que eres el propietario de una agencia de viajes de tu ciudad. ¿Cómo organizarías un programa de viajes turísticos basado en el baile típico de tu país? Escoge la edad del público al que se dirige y prepara una oferta que incluya alojamiento, clases y otras actividades.

Tradiciones e historia

Autor original: Aroa Moreno / Punto y Coma

Locución: Daniel Ramírez

DÍA DE MUERTOS EN MÉXICO

Catrinas

Las dos últimas semanas de octubre, las calles de mi ciudad se llenan de flores de color naranja. Todo huele a *zempaxochitl* (flor de muertos), a chocolate, a figuritas[1] de azúcar y a "pan de muerto". El humo[2] del copal purifica el aire. El 2 de noviembre es el Día de Muertos.

Los mercados preparan una gran celebración, y en todas las calles hay vendedores de flores porque el Día de Muertos es alegre. Las tiendas se llenan de unos esqueletos[3] de azúcar pintados, que se llaman "catrinas". Los dulces tienen forma de calavera[4]. Esos días estamos alegres porque el 2 de noviembre es motivo[5] de fiesta y diversión, pero también estamos tristes porque recordamos a las personas que ya no están con nosotros.

En estos ritos, las calaveras eran un elemento fundamental. Pero también se llaman "calaveras" a unos poemas[6] divertidos que se dedican unas personas a otras. Los lectores pueden publicar sus "calaveras" en los periódicos.

Los altares de muertos

Según la tradición, el alma[7] de las personas que han muerto vuelve a visitar a su familia el Día de Muertos. Por eso, los mexicanos esperan su visita con todo lo que le gustaba al difunto[8]. Construyen un altar lleno de flores y en él le dejan cigarrillos, chocolate, dulces, tamales[9], caldos[10] y también tequila. Al final de este día, estos alimentos no tienen sabor porque el alma del muerto ha venido y se ha llevado su esencia[11].

Los niños y los mayores hacen preciosos altares[12]. Las empresas también recuerdan[13] a los compañeros que han muerto. Yo trabajo en un periódico de Veracruz, y el día 1 de noviembre preparamos un altarcito, una mesita llena de dulces y ofrendas[14] para nuestros compañeros desaparecidos.

Esta celebración varía en cada región, pero normalmente el altar tiene siete niveles[15], que son las siete etapas[16] que tiene que pasar el alma de un muerto para

Altar de muertos

poder descansar. Primero se fabrica[17] la estructura[18] del altar con cajas de cartón[19] o con madera. El séptimo nivel está encima del suelo y sobre él se pone el sexto, un poco más pequeño, encima del sexto se pone el quinto, y así hasta llegar al primero. El lugar donde se coloca el altar se tiene que barrer[20] con hierbas aromáticas un día antes del Día de Muertos. Los familiares esperan despiertos durante toda la noche al espíritu de su muerto, que bajará para disfrutar[21] de su ofrenda.

En 2003, la UNESCO dijo que el Día de Muertos era "una de las expresiones culturales más antiguas y de mayor fuerza entre los grupos indígenas del país", y por eso declaró la celebración como Obra Maestra del Patrimonio Oral e Intangible de la Humanidad.

Unión de tradiciones

Una de las cosas más interesantes de esta celebración es la unión de la religión católica y las culturas prehispánicas[22]. Hace 3.000 años, mucho antes de la llegada de los españoles, algunas etnias indígenas celebraban rituales en honor a la vida de sus antepasados[23] en el Día de Todas las Almas. En el siglo XVI, unieron las dos celebraciones y empezaron a celebrar el Día de Muertos. ■

GLOSARIO ESPAÑOL

1 figurita: estatua pequeñita que representa el cuerpo de una persona o un animal **2 humo:** gas que se forma cuando algo se quema **3 esqueleto:** conjunto de huesos que forman el cuerpo del hombre (también de los animales) **4 calavera:** hueso de la cabeza **5 motivo:** causa **6 poema:** poesía **7 alma:** espíritu **8 difunto:** persona que ha muerto **9 tamal:** tipo de pastel relleno de carne, verduras u otros ingredientes **10 caldo:** sopa caliente que no lleva nada, solo líquido **11 esencia:** lo sustancial, lo fundamental **12 altar:** especie de mesa en la que se celebran ritos religiosos **13 recordar:** volver a tener presente en nuestra mente, traer de nuevo a nuestra memoria **14 ofrenda:** regalo que se hace por motivos religiosos, muchas veces a dioses o espíritus **15 nivel:** (aquí) altura **16 etapa:** fase de desarrollo **17 fabricar:** producir, hacer **18 estructura:** base, esqueleto que sirve para sujetar **19 cartón:** papel prensado y apretado para ser más resistente **20 barrer:** limpiar el suelo con una escoba **21 disfrutar:** pasarlo bien, gozar **22 culturas prehispánicas:** culturas indígenas, que estaban allí antes de la llegada de los españoles **23 antepasado:** persona de la que descendemos, padres, abuelos, bisabuelos...

ACTIVIDADES DE LENGUA Y CULTURA

DÍA DE MUERTOS EN MÉXICO

COMPRENSIÓN

A) Indica si es verdadero o falso y por qué.

	V	F	¿Por qué?
1. A finales de octubre toda la ciudad se prepara para adornar las calles con flores.			
2. El Día de Muertos es muy alegre. Todos están contentos ese día.			
3. Las calaveras son textos escritos sobre una base elaborada con azúcar.			
4. Según la tradición, el Día de Muertos el alma de los difuntos regresa para disfrutar de algunas de las cosas que le gustaban cuando vivía.			
5. El número de pisos de los altares y el número de las etapas que el alma de los difuntos necesita para poder reposar es el mismo.			
6. Los altares que se fabrican el Día de Muertos tienen siete niveles.			
7. Recordar a los muertos era una tradición que llegó con los españoles.			

B) Completa las siguientes frases con ideas del texto.

1. El Día de los Muertos es un día alegre porque ____________________ pero también es un día triste porque ____________________
2. El alma de las personas queridas regresa el 2 de noviembre y, para ello, ____________________
3. Los altares, en todas las regiones tienen ____________________ niveles, que representan____________________
4. Los familiares esperan toda la noche porque ____________________
5. Hace 3.000 años algunas etnias indígenas ya ____________________

LÉXICO Y GRAMÁTICA

C) Aquí tienes algunos de los sustantivos que aparecen en el texto, pero les faltan las vocales. Escribe las vocales que faltan y coloca el artículo correspondiente. Después relaciónalos con su significado.

SUSTANTIVO	ARTÍCULO	SIGNIFICADO
1. r__ t __		a. Parte espiritual e inmortal del hombre.
2. c__l__v__r__		b. Persona que ha muerto.
3. __lm__		c. Ceremonia o costumbre, normalmente religiosa, que se hace siempre de la misma manera.
4. __lt__r		d. Alma de una persona muerta.
5. d__f__nt__		e. Lugar en alto en el que se celebran ritos religiosos.
6. __sp__r__t__		f. Poesía ingeniosa que se escribe a un vivo el Día de Muertos.

D) Completa el texto con las palabras del recuadro.

colores	dulces	un motivo	llegada	despiertos	recoge
olores	españoles	un principio	triste	antes de	sus muertos

Una de las celebraciones más especiales de México es el Día de Muertos, una fiesta que viene de la unión de dos creencias, la católica exportada a México por los (1) ____________ y las culturas existentes (2) ____________ la llegada de los españoles, las culturas prehispánicas. El Día de Muertos no es una celebración solo (3) ____________. Es una fiesta llena de (5) ____________, sabores y (6) ____________. Y también es (7) ____________ de diversión. Las personas que recuerdan a (8) ____________ preparan unos bonitos altares con diferentes objetos y (9) ____________. Piensan que el espíritu de su muerto viene y (10) ____________ las ofrendas, por eso los familiares se quedan (11) ____________ toda la noche esperando su (12) ____________.

E) Detecta el error que existe en cada frase.

1. En todas las calles son vendedores de flores.
2. Esos días estamos alegres pero el 2 de noviembre es motivo de fiesta y diversión.
3. También estamos tristes porque recordamos a las personas que todavía no están con nosotros.
4. Los lectores puede publicar en los periódicos sus "calaveras".
5. El alma de las personas que han morido vuelve a visitar a su familia el Día de Muertos.
6. La gente construye un altar lleno con flores y en él dejan cigarrillos, chocolate o dulces.
7. A finales de ese día los alimentos no tienen sabor.

F) Escoge el verbo adecuado.

A finales de octubre, las calles de las ciudades mexicanas (1) *se completan / se adornan* con flores de color naranja. Todo tiene (2) *el olor / el gusto* a *zempaxochitl* (flor de muertos), a chocolate, a figuritas de azúcar y a "pan de muerto". El humo de copal (3) *limpia / elimina* el aire. Toda la gente (4) *enseña / organiza* una gran celebración. El 2 de noviembre (5) *es / está* el Día de Muertos.

G) Ordena las siguientes frases.

1. se venden en / unos esqueletos / Las catrinas / las tiendas y son / pintados hechos / de azúcar.
2. hace altares / las personas / Todo el mundo / que han muerto. / para recordar a
3. se deja / lleno de flores y / y beber. / El altar / algo de comer
4. el lugar donde se pone / hierbas aromáticas / El día 1 / se barre con / el altar. / de noviembre

COMPOSICIÓN / EXPRESIÓN ESCRITA

H) ¿Conoces tradiciones de otros países? Escribe sobre la última vez que participaste en una fiesta tradicional y explica lo que sabes de ella: país de origen, fecha en la que se celebra, en qué consiste la tradición, cuál es el motivo, etc. **Escribe entre 80 y 100 palabras.**

Es una fiesta que se celebra en ____

____

____

CONVERSACIÓN / EXPRESIÓN ORAL

I) Para hablar en clase

1. ¿Tienes una fiesta similar a ésta en tu país? ¿Cómo se celebra? ¿En qué se parece o se diferencia de la de México?
2. ¿Qué fiestas tradicionales hay en tu país?
3. ¿Qué opinas sobre las tradiciones? ¿Se deben mantener o son restos del pasado?
4. ¿Crees que la celebración de una tradición, si se mantiene, debe ser siempre igual o debe adaptarse a los tiempos?

TAREA

Como ya hemos aprendido con la lectura del texto, las calaveras son pequeñas poesías escritas en forma de verso. Hablan de la muerte, pero al mismo tiempo son divertidas. Algunas veces hablan de las cualidades o los defectos de alguna persona.

Vamos a celebrar el Día de Muertos elaborando, en grupos de tres personas, calaveras para los compañeros de clase. Aquí te mostramos algunas a modo de ejemplo:

Amigos hasta morir,
pero de dar algo
nada hay que decir.

Estaba Julián jugando con un salero,
pasó la muerte y le dijo te quiero.

La nariz de Juan
es tan larga y afilada
que llegó la muerte
y se quedó parada.

La parca llegó contenta
con todos quiere bailar,
y aprovechando la fiesta
hacerse con un buen galán.

Autor original: José Ángel Gonzalo / Punto y Coma

Locución: Varios

NAVIDADES con carácter latino

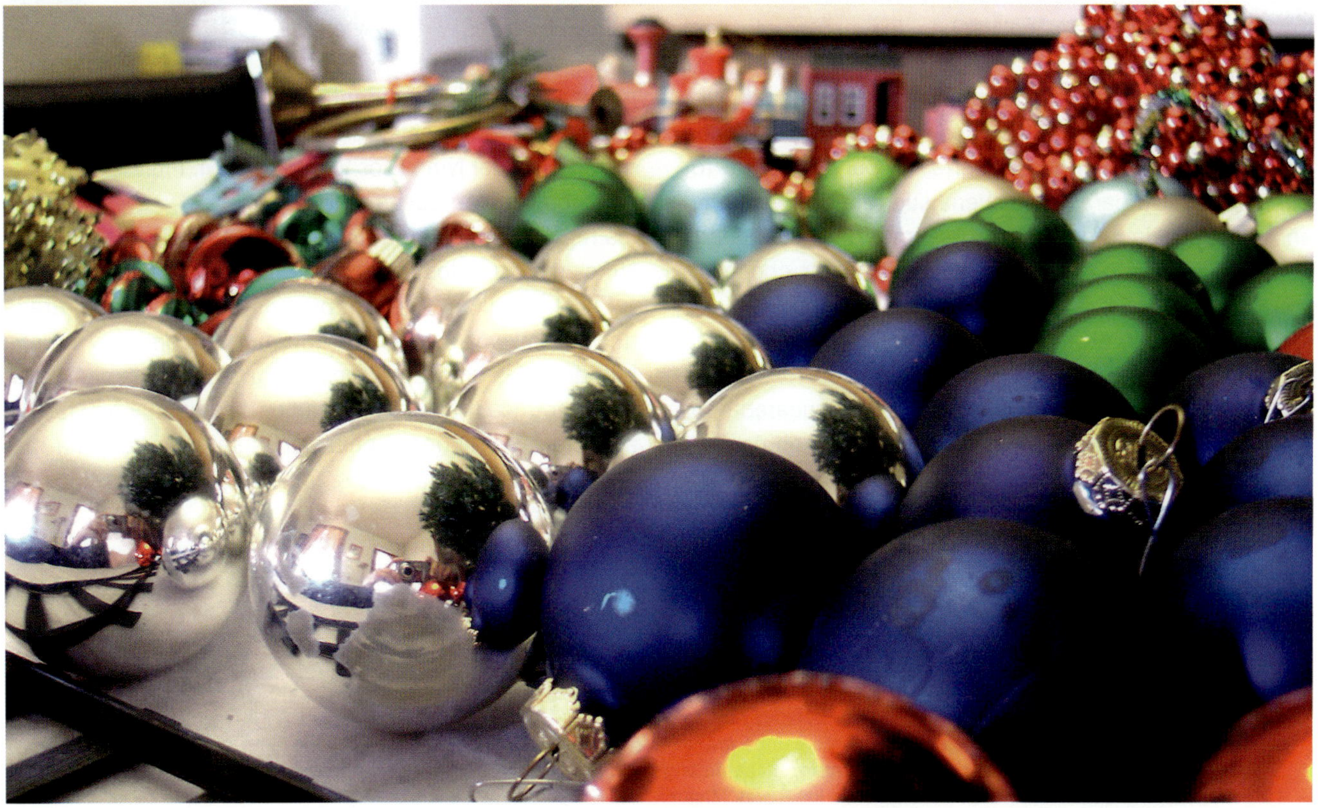

Todos los países hispanos celebran la Navidad, pero no siempre de la misma manera. José Ángel, Lyl, Mabel, Pedro y Ramiro nos cuentan cómo pasan la Navidad en sus respectivos países.

España

José Ángel. Periodista

En las calles hay muchas luces y en todas partes podemos escuchar villancicos[1]. En las casas siempre hay un árbol de Navidad, un belén o las dos cosas. El belén es la tradición más antigua: es una representación del nacimiento de Jesús con figuritas[2] que representan a la Virgen y San José, el Niño Jesús, la mula[3] y el buey[4]; a veces también están los Reyes Magos, y los pastores[5], y algunos animales. En los belenes grandes también podemos ver todo el pueblo de Belén.

En Nochebuena, 24 de diciembre, cenamos en familia. En la cena típica hay gambas, langostinos[6], cordero o pavo[7], vino y champán o cava. Pero lo más típico son los dulces: el turrón, los polvorones, los mantecados y el mazapán.

En Nochevieja, 31 de diciembre, solemos cenar y tomar las uvas en familia. A las doce de la noche con cada campanada[8] del reloj de la Puerta del Sol de Madrid tomamos una uva para tener buena suerte durante todo el año. Después de tomar las uvas, salimos de fiesta y antes de volver a casa, vamos a un bar para tomar chocolate con churros[9].

El 6 de enero, el día de Reyes, celebramos la última fiesta de Navidad y tomamos chocolate con roscón, un bollo[10] con forma de rosca que tiene fruta azucarada por encima y en el interior hay una figurita escondida. Los Reyes llegan el 5 de enero por la tarde y todas las ciudades y pueblos reciben las cabalgatas de los Reyes Magos[11], que traen los juguetes de los niños. Esa noche, los niños, antes de irse a la cama, dejan champán y turrón para los Reyes, y agua para los camellos[12].

Otra de las grandes tradiciones es la Lotería de Navidad. El 22 de diciembre es el sorteo[13] y muchos españoles gastan mucho dinero para intentar[14] ganar mucho más dinero.

Venezuela

Lyl. Profesora

En Venezuela toda la familia se reúne en una casa entre la primera y la segunda semana del mes para hacer las famosas "hallacas". La hallaca es un pastel de maíz relleno de pollo, carne y cerdo con aceitunas y pasas[15].

La noche del 24 de diciembre, cenamos en casa de la abuela o de algún familiar para brindar[16], comer hallacas y bailar gaitas. Las gaitas venezolanas son la música típica del occidente del país. A las doce celebramos el nacimiento del Niño Dios y todos nos abrazamos. Luego abrimos los regalos que están debajo del arbolito. Por la noche el Niño Jesús trae los regalos mientras los niños duermen.

El 31 de diciembre celebramos en familia la entrada del año nuevo. Esa noche hay mucha comida y mucha bebida. A las doce comemos una uva con cada campanada y pedimos un deseo. Tomamos champán y hay fuegos artificiales[17]. Algunos venezolanos salimos con una maleta a la calle porque eso significa que el nuevo año va a traer viajes.

GLOSARIO ESPAÑOL

1 villancico: canción de Navidad **2 figurita:** estatua pequeña que representa el cuerpo de una persona o un animal **3 mula:** animal cruce de burro y caballo, siempre aparece en los belenes junto al niño Jesús **4 buey:** macho de la vaca **5 pastor:** persona que cuida de los animales en el campo **6 langostino:** tipo de gamba grande **7 pavo:** ave parecida al pollo, pero más grande, que se come en Navidad **8 campanada:** golpe de campana **9 churro:** masa de trigo frita muy típica en España para desayunar, tiene forma de ´α` **10 bollo:** especie de pan dulce **11 cabalgata de los Reyes Magos:** fiesta popular que consiste en un largo desfile que se hace por las calles en el que van los Reyes Magos para que los niños los vean **12 camello:** animal que se utiliza en el desierto en lugar del caballo **13 sorteo:** acto que consiste en elegir la persona que recibirá un regalo por azar, por suerte **14 intentar:** hacer todo lo posible por conseguir algo **15 pasas:** uvas secas, que se ponen dulces y de color marrón **16 brindar:** desearle suerte a alguien haciendo chocar las copas **17 fuegos artificiales:** pólvora que cuando estalla llena el cielo de luces de colores

Cuba

En Navidad ponemos los árboles con algunos regalos y el día 24 cenamos en familia y tomamos yuca, lechón asado, arroz congrí, plátanos fritos y ensaladas mixtas.

Los religiosos practicantes[18] de las reglas de Oshá e Ifá (tradición afro-cubana o santería) consultan sus oráculos: piedras y caracoles[19]. También tocan los tambores y piden un año nuevo mejor, un año de paz y libertad.

El 31 de diciembre desde los balcones, puertas y ventanas tiramos a la calle aguas frescas y transparentes, aguas que desean un nuevo año próspero y feliz.

Mabel. Profesora

México

En México en Navidad celebramos con la familia el nacimiento de Jesús; y para ello cocinamos platos especiales: los laboriosos tamales, bacalao en aceitunas, pozole (guiso de maíz, carne y chile) y ensalada de betabel. También preparamos las famosas piñatas[20], ahora conocidas en todo el mundo.

Las celebraciones comienzan el 16 de diciembre con las "posadas", que también se celebran en Colombia, Ecuador, Panamá y Guatemala. Las posadas son unas peregrinaciones[21] que imitan a José y María pidiendo posada[22]. Los peregrinos rezan el rosario[23] y van de casa en casa. Cuando terminan, comen muchos aperitivos, rompen piñatas y beben ponche. La noche del 24 de diciembre termina con la Misa del Gallo[24], como en otros países católicos.

El día 6 de enero celebramos el día de Reyes, tomamos chocolate caliente y la tradicional rosca de Reyes.

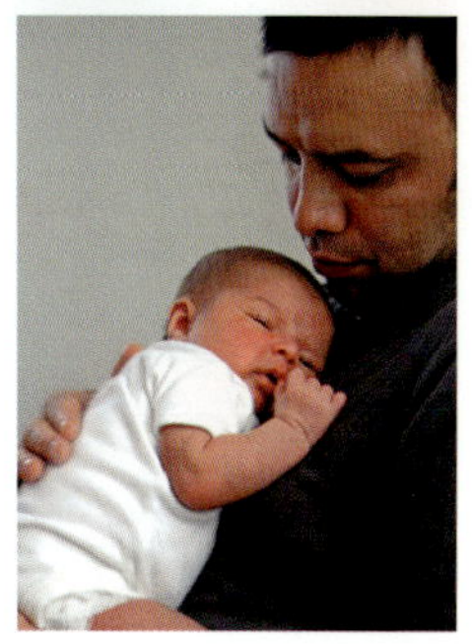

Pedro. Estudiante

¿De dónde vienen las uvas?

La tradición del tomar uvas el 31 de diciembre viene del siglo XIX. Pero empieza a ser popular en 1909. El origen de esta tradición está en la región de Murcia y Alicante (en el Mediterráneo español). Ese año hay demasiadas uvas y sobran[29] muchas. Los agricultores no las tiran, las regalan. Y, además, tienen una idea: para tener suerte ese año, es bueno comer 12 uvas a las doce de la noche, cuando suenan las campanadas del reloj, una uva por campanada. La televisión española retransmite[30] desde 1962 las campanadas del reloj de la Puerta del Sol en Madrid. Algunos países de América Latina también toman esta tradición.

GLOSARIO ESPAÑOL

18 practicante: (aquí) persona que sigue los ritos, las prácticas, de una religión **19 caracol:** animal que tiene una concha dura en la que se mete para protegerse **20 piñata:** recipiente que se llena de dulces que caen cuando se rompe **21 peregrinación:** camino que se hace a pie por motivos religiosos **22 posada:** alojamiento sencillo, albergue **23 rosario:** rezo que se hace a la Virgen María y que consiste en rezar muchos avemarías **24 Misa del Gallo:** misa especial que se hace la noche del 24 de diciembre (Nochebuena) a las doce de la noche. **25 pesebre:** lugar en el que comen los animales; en los belenes es el lugar en el que se coloca al Niño Jesús **26 descendiente:** persona que viene de otra, que es su hijo, nieto, bisnieto... **27 cochinillo:** cerdo pequeñito **28 barrio:** zona de una ciudad **29 sobrar:** haber demasiado **30 retransmitir:** ofrecer o mostrar por radio o televisión

Ramiro. Profesor

Argentina

En Argentina podemos celebrar las fiestas al aire libre o incluso en la playa, porque aquí es verano.

Durante el mes de diciembre comienzan las reuniones de familiares y amigos. El día 8 de diciembre ponemos el árbol y el pesebre[25], pero la figura de Jesús se pone el 24 por la noche. El día de Nochebuena, las familias de descendientes[26] de inmigrantes se reúnen a cenar en una casa. Toman la cena típica, pollo asado o el cochinillo[27], y los abuelos y bisabuelos cuentan las historias de su llegada a América. Ese día, a las doce de la noche, los fuegos artificiales indican que podemos abrir los regalos y los niños y los adultos vamos hacia el árbol de Navidad para abrir los paquetes que trae Papá Noel.

El 31 de diciembre, por influencia española, algunos comen las uvas, después vamos a los "boliches" (bares o discotecas) para celebrar la entrada en el nuevo año. Además, en algunos barrios[28] de la capital la gente quema grandes muñecos para dar la bienvenida al año que entra. ■

Este texto ha sido realizado con información de José Ángel Gonzalo, Lyl Polanco, Mabel Cuesta, Pedro Guzmán y Ramiro González.

Las comidas típicas de Navidad

turrón: dulce típico navideño con forma de tableta (la misma forma de tableta que tiene el chocolate) hecho con una masa de miel y almendras. Puede ser duro o blando. Existen turrones de muchos sabores, como crema de huevo, almendras, chocolate...

polvorón: dulce navideño hecho con harina, manteca y azúcar. El polvorón se deshace en la boca al comerlo. Existen diversos sabores, como el de canela o chocolate.

mantecado: dulce preparado con manteca de cerdo, harina y huevo. Tiene diversas formas, aunque la más común es la circular. Muchas veces tiene azúcar glas en la parte superior.

mazapán: dulce realizado principalmente con almendras molidas y azúcar. Generalmente suelen tener diversas formas o figuras.

hallaca: pastel de maíz relleno de carne o pescado.

yuca: planta tropical que tiene una raíz parecida a una patata; se come mucho en el Caribe.

lechón asado: el lechón es el cerdo pequeño. La preparación varía según la región; normalmente se cocina con aceite, ajos, cebolla, pimienta y vino, y debe permanecer en el horno varias horas.

arroz congrí: los ingredientes principales de este plato son arroz y frijoles negros (judías o habichuelas negras), pero también lleva pimientos, cebolla y laurel. El arroz y los frijoles deben mezclarse y el arroz toma un tono marrón. Este plato también se llama "arroz moro".

tamal: es un plato de origen indígena. Es una masa de maíz cocinada al vapor y envuelta en una hoja. Puede llevar otros ingredientes, como cerdo o fruta.

bacalao en aceitunas: el bacalao es un pescado de los mares del Norte que tradicionalmente se conserva en sal, pero antes de cocinarlo hay que quitarle la sal. Este plato lleva aceitunas, tomate y cebolla.

pozole: es una sopa típica de México que se hace con maíz, carne (pollo o cerdo) y chile. Hay muchas variedades en todo el país.

ensalada de betabel: el betabel es el nombre de la remolacha en México. Este tipo de ensalada también lleva lechuga, manzanas, limones y naranjas.

piñata: es una tradición mexicana de origen azteca. Se prepara una olla de barro o papel que está llena de caramelos y pequeños juguetes. Los niños la rompen con un palo y todo lo que lleva dentro cae al suelo. Es típico también de las fiestas de cumpleaños.

ACTIVIDADES DE LENGUA Y CULTURA

NAVIDADES CON CARÁCTER LATINO

COMPRENSIÓN

A) Indica si es verdadero o falso y por qué.

	V	F	¿Por qué?
1. Las cenas de los días 24 y 31 de diciembre se celebran con amigos.			
2. En Argentina pueden celebrar la Navidad en la playa.			
3. La tradición de comer uvas el 31 de diciembre es del s. XVI.			
4. En las casas españolas en Navidad solo se puede poner árbol o belén.			
5. Las gaitas venezolanas son unos instrumentos musicales típicos.			
6. Se come una uva con cada campanada, 12 en total.			
7. En México comen platos muy sencillos en Navidades.			
8. En Buenos Aires, la capital argentina, la gente quema muñecos grandes el día 31 de diciembre.			

B) Une las siguientes imágenes con la palabra correspondiente.

piñata turrón uvas árbol de Navidad belén cava o champán hallacas roscón

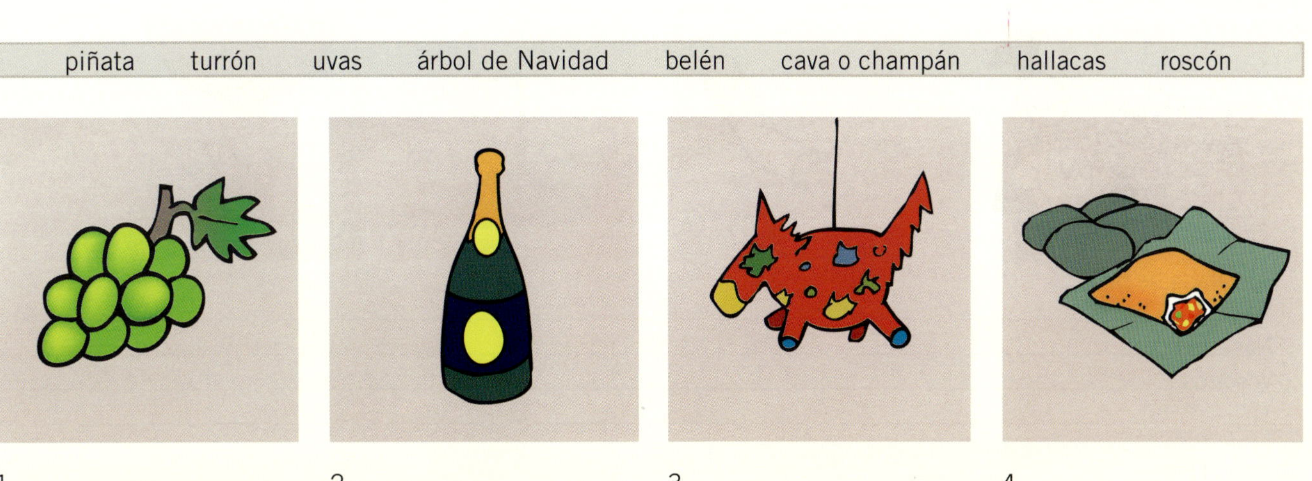

1. ____________ 2. ____________ 3. ____________ 4. ____________

5. ______________ 6. ______________ 7. ______________ 8. ______________

C) Contesta a las siguientes preguntas.

1. ¿Quién trae los regalos a los niños en Venezuela? ______________
2. ¿Qué hacen de especial los cubanos para celebrar el Año Nuevo? ______________
3. ¿Por qué es importante el 22 de diciembre en España? ______________
4. ¿Qué es el belén? ______________
5. ¿Quiénes son los Reyes Magos? ______________
6. ¿Qué simbolizan las "posadas" que se celebran en México? ______________

D) ¿Qué costumbres encuentras similares entre los siguientes países?

1. México, Colombia, Ecuador, Panamá y Guatemala: ______________
2. Venezuela y España: ______________
3. México y España: ______________
4. Venezuela y Argentina: ______________

LÉXICO Y GRAMÁTICA

E) Mucha gente comienza el nuevo año con planes. Utiliza la forma "ir + a + infinitivo" para explicar los nuevos planes que te sugieren los siguientes dibujos.

Yo ______________
Nosotros ______________
Vosotros ______________
Tú ______________

F) Completa la carta que escribe esta niña a los Reyes Magos poniendo el verbo en la forma adecuada (pretérito perfecto o presente) y colocando el pronombre cuando sea necesario.

Queridos Reyes Magos:

Este año (1 ser) ______________ una niña muy buena. (2 Ir) ______________ todos los días a la escuela y (3 jugar) ______________ con mis hermanos, además no (4 romper) ______________ sus juguetes.
Mis hermanos ya (5 escribir) ______________ sus cartas, pero yo no (6 tener) ______________ tiempo. Todavía no (7 pensar) ______________ los regalos que quiero para mí, pero si (8 decidir) ______________ lo que quiero para mi familia:
A mi madre (9 gustar) ______________ los perfumes, así que quiero uno que huela muy bien para ella.
A mi padre (10 gustar) ______________ leer, quiero muchos libros para él.
A mi hermano Manuel (11 encantar) ______________ el cine, así que quiero películas para él. Pero (12 no gustar) ______________ las de miedo.
A mí no (13 gustar) ______________ las muñecas, pero (14 encantar) ______________ las videoconsolas, quiero una para jugar con mis hermanos.
A todos nosotros (15 encantar) ______________ los turrones.
Esperamos vuestros regalos.

Muchas gracias,
Daniela

G) Además de las Navidades, en España también hay otras fiestas importantes. Completa la siguiente tabla con la información que te damos a continuación utilizando tu intuición.

San Fermín

Fallas

El Pilar

San Isidro

Feria de Abril

1. **Lugar:** Valencia, Madrid, Sevilla, Zaragoza, Pamplona.
2. **Fecha:** 19 de marzo, 7 de julio, abril, 12 de octubre, 15 de mayo.
3. **Datos sobre la fiesta:**
   a) Todos los veranos los pamplonicas corren delante de los toros en los llamados "encierros".
   b) Los madrileños celebran esta fiesta en la primavera vestidos con trajes típicos que para las chicas son unos vestidos largos. En la cabeza se ponen un pañuelo y una flor.
   c) Todos los meses de octubre los zaragozanos celebran el día de la Virgen y bailan el típico baile de Aragón, la jota, vestidos con trajes tradicionales.
   d) Los valencianos hacen muñecos de papel que representan cosas importantes del año y los queman este día de marzo en las calles de la ciudad.
   e) En esta ciudad andaluza, todos los años en abril se celebra una gran fiesta en la ciudad. La gente baila y canta y las mujeres se visten con los típicos trajes de sevillanas, llenos de volantes.

Nombre de la fiesta	Lugar	Fecha	¿Cómo se celebra?

COMPOSICIÓN / EXPRESIÓN ESCRITA

H) Escribe una carta divertida a los Reyes Magos.

Queridos Reyes Magos:

____

____

____

____

____

____

____

CONVERSACIÓN / EXPRESIÓN ORAL

I) Para hablar en clase

1. ¿En tu país se celebra la Navidad?
2. ¿Cómo se celebra?
3. ¿Qué es lo que más te gusta de la Navidad? ¿Y lo que menos?
4. Tras leer el texto, ¿qué te ha llamado la atención de las tradiciones de estos países hispanohablantes? ¿Conoces alguna tradición más?
5. ¿Qué otras fiestas son importantes en tu país? ¿Cómo celebras estas fiestas?

TAREA

Haced grupos de tres personas. Escoged una de las fiestas que aparecen en el ejercicio G, buscad más información sobre ello y preparad una presentación en PowerPoint con esa información para el resto de la clase.

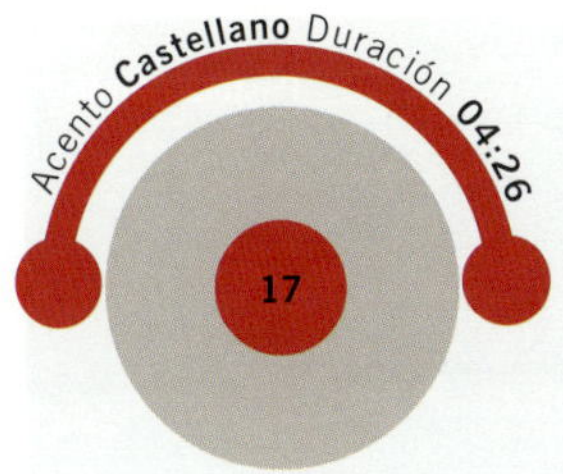

Autor original: Clara de la Flor / Punto y Coma

Locución: Marcos García Barrero

EL ORIGEN DEL Flamenco

El flamenco es un arte conocido internacionalmente desde principios del siglo XX y es famoso por su belleza.

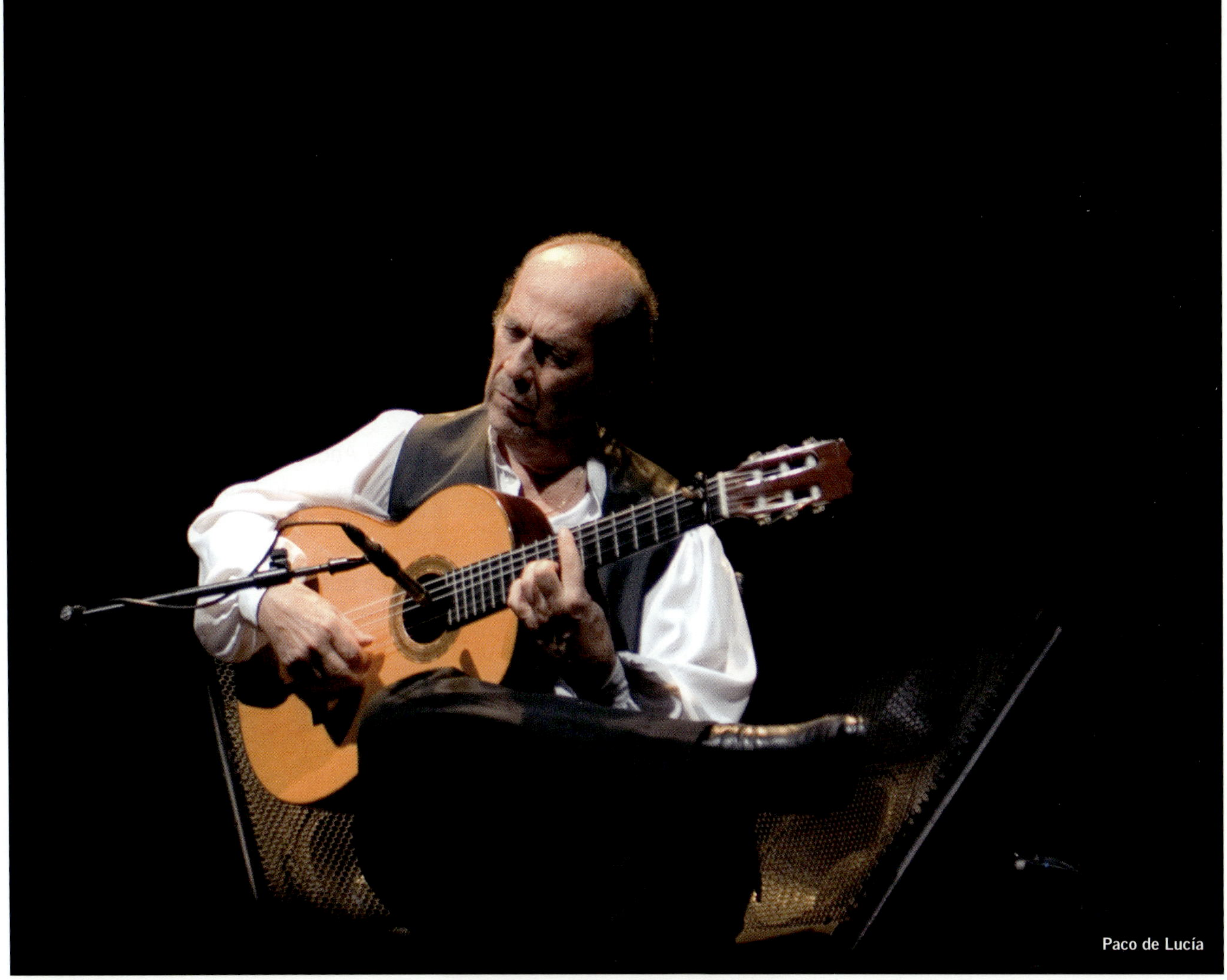

Paco de Lucía

Pastora Galván

El cante[1] flamenco nace en Andalucía. Además de ser un arte, el flamenco es un medio de comunicación entre las familias gitanas, que transmiten sus experiencias con el cante y el baile flamenco. El cantaor[2] canta y grita su historia en primera persona (yo), pero canta una desgracia colectiva y las razones sobre su profundo dolor. Por eso, debemos profundizar[3] en el cante para entenderlo y no debemos ver solamente la superficie de la fiesta.

No conocemos el origen de la palabra "flamenco" y tampoco conocemos la fecha de su origen porque los gitanos viven y cantan escondidos durante siglos. Empiezan a cantar en público en el siglo XIX.

El éxodo gitano

Al principio, los gitanos viven en el noroeste de la India (ahora es Pakistán) y pertenecen a la parte más baja de la estructura de castas[4]. Emigran hacia Europa alrededor de 1500 a.C., quizás porque son muy pobres y porque llegan los arios.

Hay muchas teorías sobre el camino que recorren[5]. Una teoría es que van a Afganistán y después a Irán, y allí se dividen en dos grupos. Algunos van a Siria y luego al norte de África. Después cruzan Gibraltar y llegan a Andalucía. Los gitanos empiezan a vivir en las zonas más pobres del campo andaluz, y los campesinos pobres les ayudan.

Los gitanos se sienten bien en la Andalucía del siglo XV porque el carácter andaluz y su estructura familiar se parece mucho a la de los gitanos. El poeta Félix Grande explica que existen rasgos comunes entre los andaluces y los gitanos: "Miedo y dureza[6], orgullo[7] y flexibilidad, resignación y altanería[8]". Pero la Inquisición[9] empieza pronto a perseguirlos en España por razones religiosas. La situación es muy dura, sobre todo en Andalucía en los siglos XVI y XVII. En otros países también los persiguen, como en Alemania e Inglaterra. Incluso en Rumanía dicen que son caníbales[10]. Hay grandes diferencias culturales entre los gitanos

GLOSARIO ESPAÑOL

1 cante: canción del flamenco, acción de cantar flamenco **2 cantaor:** persona que canta flamenco (normalmente la persona que canta es el/la cantante) **3 profundizar:** (aquí) estudiar algo a fondo **4 casta:** grupo social cerrado al que se pertenece desde que se nace **5 recorrer:** ir de un lugar a otro **6 dureza:** cualidad de ser duro; (aquí) capacidad para soportar el sufrimiento **7 orgullo:** cualidad de la persona que se estima mucho a sí misma **8 altanería:** orgullo en exceso **9 Inquisición:** tribunal de la Iglesia que se crea en España a finales del siglo XV para perseguir a las personas que no seguían las reglas de la Iglesia Católica **10 caníbal:** que come carne humana

Enrique Morente

Marina Heredia

Miguel Poveda

Ana Monchón

y el resto de la gente: su ropa, su lengua caló, sus hechizos[11]... Y además no quieren vivir en un hogar[12] estable y cambian continuamente de lugar. La gente desconfía de ellos y los rechaza.

El cante

Los gitanos cuentan la historia del pueblo gitano-andaluz: una historia que mezcla la alegría, las lágrimas, el dolor y la resignación[13]. Cantan el hambre, el horror, el dolor, el racismo y la intransigencia[14] de esa época. Es un grito de rebeldía[15]. Los gitanos mezclan[16] su música y sus danzas con las de los moriscos[17] y los judíos porque eran las comunidades perseguidas. Actualmente todo el mundo piensa que el flamenco, las músicas árabes y la música folclórica de la India son similares.

Camarón

El cantaor José Monge es el gran representante del flamenco. Es más conocido como Camarón de la Isla o Camarón. Era un hombre frágil[18], sensible y tímido[19], pero era un cantante revolucionario que cantaba la historia de su pueblo. Camarón cantaba con fuerza, ternura[20] y rabia[21]. ■

GLOSARIO ESPAÑOL

11 hechizo: práctica mágica que hacen los magos y las brujas para conseguir sus fines **12 hogar:** casa en la que se vive **13 resignación:** aceptación del dolor y las situaciones difíciles **14 intransigencia:** en las personas, falta de flexibilidad y de capacidad para comprender a las otras personas **15 rebeldía:** falta de aceptación de una situación que no nos gusta y acción de protesta y lucha por cambiarla **16 mezclar:** juntar una cosa con otra **17 morisco:** persona de origen árabe que vivía en aquella época en España **18 frágil:** débil, persona a la que se puede herir o hacer daño con facilidad **19 tímido:** persona que tiene dificultades para relacionarse con los demás **20 ternura:** afecto y amabilidad **21 rabia:** expresión de gran enfado

ACTIVIDADES DE LENGUA Y CULTURA

EL ORIGEN DEL FLAMENCO

COMPRENSIÓN

A) Une las siguientes fechas con los acontecimientos relacionados con la población gitana.

S.XX
S.XVI-S.XVII
1.500 a.C.
S.XV
S.XIX

a. Su arte es conocido internacionalmente.
b. Se encuentran bien en Andalucía.
c. Comienzan a cantar en público.
d. Viven en el norte de la India y se van a Europa.
e. Persiguen a los gitanos en Andalucía y otros lugares.

B) Contesta a estas preguntas buscando la información en el texto.

1. ¿Quién fue José Monge? ________________
2. ¿Qué características tiene la forma de vida y la cultura del pueblo gitano?________________
3. ¿Cuál es el origen de la palabra "flamenco"? ________________
4. ¿Cuál es el origen del flamenco como arte? ¿Cómo y por qué empiezan a cantar los gitanos? ________________
5. ¿Cuál es la relación entre los gitanos y los andaluces? ________________

LÉXICO Y GRAMÁTICA

C) Rellena el siguiente mapa conceptual con las palabras que te sugiere "gitano". Escribe después una frase con cada una de las palabras utilizadas para explicar su relación con los gitanos.

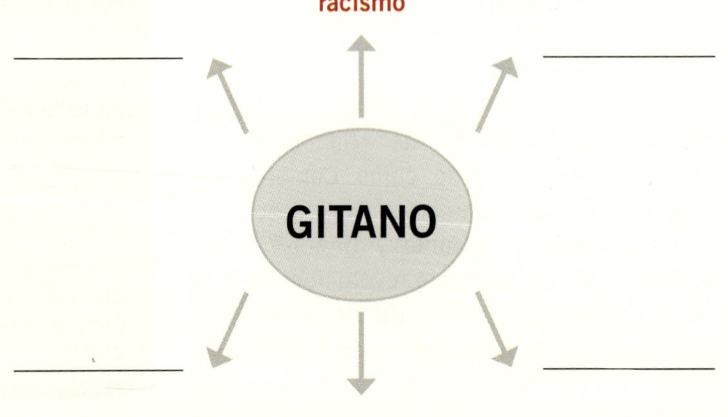

1. Los gitanos han sufrido el racismo de la gente a lo largo de su historia.
2. ____
3. ____
4. ____
5. ____
6. ____

D) El poeta Félix Grande describe a los gitanos y andaluces con las siguientes palabras: "Miedo y dureza, orgullo y flexibilidad, resignación y altanería". Miedo es una palabra que indica un sentimiento. Vamos a trabajar con otras palabras que también indican sentimientos. Busca los sinónimos de estas palabras.

1. miedo	felicidad
2. alegría	pena
3. tristeza	extrañeza
4. sorpresa	temor

E) Busca ahora los antónimos de las palabras anteriores.

1. miedo	indiferencia
2. alegría	valor
3. tristeza	pena
4. sorpresa	alegría

F) Completa el cuadro con los adjetivos que corresponden a cada nombre.

Nombre	Adjetivo
miedo	
alegría	
tristeza	
sorpresa	
valor	
pena	
felicidad	
desgracia	

G) Construye frases uniendo las palabras de la columna de la izquierda con las de la derecha. Utiliza el conector adecuado.

1. Las canciones de Camarón mezclan ternura	**porque** **y** **que**	a. son pobres y llegan los arios.
2. La gente conoce el flamenco en todo el mundo		b. de los judíos.
3. Los gitanos se van del norte de la India		c. rabia.
4. El pueblo gitano tiene una historia		d. es un arte muy bello.
5. La música de los gitanos se mezcla con la música de los moriscos		e. está llena de lágrimas, dolor y resignación.

COMPOSICIÓN / EXPRESIÓN ESCRITA

H) Imagina que estás participando en un foro sobre música. Escribe para dar tu opinión. Di qué tipo de música te gusta y por qué. Habla también de los sentimientos que tienes cuando escuchas tu música preferida. Para ello puedes utilizar las palabras de los ejercicios D, E, F o G.

Hola,
A mí me gusta la música ______________________ porque ____________
____.
Cuando la escucho ____
____
____.

CONVERSACIÓN / EXPRESIÓN ORAL

I) Para hablar en clase

¿Has escuchado alguna vez flamenco? Entra en YouTube y escucha *Como el agua* de Camarón y Paco de Lucía.
¿Has visto alguna vez baile flamenco? Entra en YouTube y mira una pequeña actuación de Sara Baras en "Flamenco, por bulerías-Sara Baras (Spain)".

Después comenta con tus compañeros

1. ¿Sabéis que *Como el agua* es una de las canciones más famosas de Camarón y que Paco de Lucía es el guitarrista de flamenco más importante? ¿Os ha gustado?
2. ¿Qué sentís cuando escucháis flamenco?
3. ¿Os ha gustado el baile flamenco de Sara Baras? ¿Cómo diríais que es?
4. Ahora el flamenco está muy de moda. ¿Os gustaría aprender a bailar flamenco? ¿Por qué?
5. ¿Cuántas culturas diferentes conviven en vuestros países? ¿Cuándo y por qué llegaron allí?

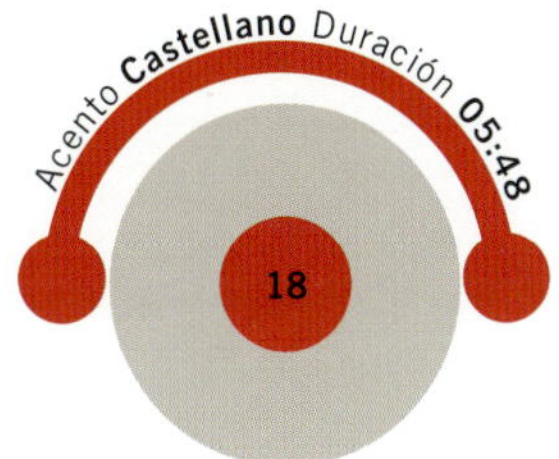

Autor original: Rueda Duque / Punto y Coma
Adaptación: Rosa Puga

Rodrigo Díaz de Vivar: EL CID CAMPEADOR

Estatua del Cid Campeador

En el año 1099 murió don Rodrigo Díaz de Vivar. En ese momento empieza la leyenda[1] del Cid Campeador, recogida[2] en la primera gran obra de la literatura española: el ***Cantar de Mío Cid,*** que se escribió hace más de 800 años.

La vida en una España dividida

Nuestro héroe[3] nace en 1043, en Vivar, un pueblo que está a diez kilómetros de Burgos (Castilla). Es de una familia noble y entra en la corte[4] del rey de Castilla Fernando I. En esta época, el siglo XI, los reinos cristianos españoles luchan contra los musulmanes para recuperar[5] los territorios que conquistan los musulmanes. Los historiadores llaman a esta época de luchas la Reconquista. Estas luchas duran ocho siglos, empiezan en el año 711 con la llegada de los árabes y terminan en 1492, cuando los Reyes Católicos, Isabel de Castilla y Fernando de Aragón, recuperan el Reino de Granada.

En su juventud, el Cid es amigo de Sancho, uno de los tres hijos del rey Fernando de Castilla. Sancho le enseña a ser un gran guerrero[6]. Cuando el rey Fernando muere, divide su reino entre sus tres hijos, Sancho, Alfonso y García. Los tres hermanos pelean y Sancho gana a sus hermanos con la ayuda de Rodrigo Díaz de Vivar, el Cid. En esta época, todos le empiezan a llamar "Campeador" porque es un experto en el campo de batalla[7].

Pero el rey Sancho muere asesinado, y el Cid, como representante de los nobles castellanos, le pone una condición a Alfonso para ser el rey: jurar[8] que no tiene ninguna relación con el asesinato[9] de su hermano Sancho. Los historiadores consideran[10] que este fue el primero de una serie de problemas que terminan con su destierro[11].

GLOSARIO ESPAÑOL

1 leyenda: historia que tiene una parte real y otra imaginada **2 recogida:** (aquí) reunida, presentada **3 héroe:** persona a la que todos admiran porque hace algo difícil y valiente para ayudar a los demás **4 corte:** (aquí) lugar en el que vive el rey **5 recuperar:** volver a tener algo que se ha perdido **6 guerrero:** persona que lucha en la guerra **7 campo de batalla:** lugar en el que se lucha en una guerra **8 jurar:** afirmar que se dice la verdad, ante Dios y ante los hombres **9 asesinato:** acción de matar a una persona **10 considerar:** (aquí) pensar **11 destierro:** prohibición de estar en el lugar en el que se ha nacido y se vive

Lucha contra los musulmanes[12] con sus propios guerreros y conquista[13] Valencia. Entonces, empiezan a llamarle «sidi» («mi señor» en árabe): Cid.

Finalmente, se reconcilió[14] con su rey y le sirvió[15] hasta su muerte.

La leyenda del Cid Campeador

La primera gran obra de la literatura castellana, el *Cantar de Mío Cid,* cuenta el primer destierro del Cid: las aventuras que vive para recuperar[16] el honor perdido.

Este largo poema es muy importante por su excelente estilo y por ser la primera obra extensa[16] de la literatura española en lengua romance (castellano antiguo) que se conserva casi completa, solo faltan tres hojas, una al principio y dos en el interior. El manuscrito[17] original está guardado en la Biblioteca Nacional de Madrid y está firmado por el copista[18] Per Abbat. No sabemos quién es el autor del *Cantar,* pero los estudios realizados indican que el autor era un hombre culto, probablemente un juez[19] o un clérigo[20] que escribe la obra a principios del siglo XIII.

Los 3.735 versos del poema se encuentran estructurados en tres grandes partes:

Cantar del destierro

El rey destierra injustamente[21] al Cid de Castilla. El Cid, para conseguir el perdón[22] del rey y poder volver al lado de su mujer y sus hijas, decide empezar una serie de guerras.

Cantar de las bodas

Don Rodrigo conquista la ciudad de Valencia, el rey lo perdona y le permite volver a reunirse con su familia. Además, los infantes[23] de Carrión se casan con sus dos hijas, doña Elvira y doña Sol.

Cantar de la afrenta de Corpes

Los infantes sienten que el Cid los ha humillado y deciden vengarse. Golpean[24] a sus esposas, las hijas del Cid, y las abandonan[25] medio muertas. Hay un duelo[26] y los amigos del Cid vencen[27] a los infantes, y el rey vuelve a casar a las hijas del Cid con los príncipes de los reinos de Navarra y Aragón. Así, Rodrigo Díaz de Vivar recupera su honor.

La leyenda del Cid Campeador se extiende por toda España y se crea un héroe para la sociedad de la época. El Cid es un hombre como los demás, que con esfuerzo[28] y valor[29], se enfrenta[30] a todos los problemas y consigue sus objetivos. Es un hombre que llora cuando lo alejan[31] de su tierra y su familia, y que lucha por el honor y la justicia. En definitiva, un modelo para las personas de la época. ■

El Cid en la literatura y el cine

Además del *Cantar de Mío Cid,* hay muchas obras literarias, películas y musicales sobre este héroe castellano.

Algunas de las obras de teatro son: *Le Cid* del escritor francés Pierre Corneille, *Las mocedades del Cid* y *Las hazañas del Cid* del español Guillén de Castro y *La leyenda del Cid* de Azorín. Más recientes son dos novelas históricas: *El Cid,* de José Luis Corral, y *Doña Jimena,* de Magdalena Lasala.La película más famosa es la que rueda[32] en España en 1961 Anthony Mann y en la que Charlton Heston y Sophia Loren representan al Cid y a su mujer. En 2004 la versión de dibujos para los niños, *El Cid: la leyenda,* gana un premio Goya. Por último, el compositor francés Jules Massenet compone una ópera de cuatro actos.

GLOSARIO ESPAÑOL

12 musulmán: persona que sigue la religión de Mahoma **13 conquistar:** obtener un territorio, un lugar, por la fuerza **14 reconciliarse:** volver a ser amigos **15 servir:** estar a las órdenes de alguien, obedecerle en todo **16 extenso:** largo **17 manuscrito:** libro escrito a mano **18 copista:** persona que copia el texto, es decir, que escribe el libro pero no es su autor **19 juez:** persona que representa a la justicia **20 clérigo:** sacerdote, monje **21 injustamente:** sin razón **22 perdón:** acción de aceptar a alguien que nos ha hecho algo malo **23 infante:** hijo de reyes o grandes nobles **24 golpear:** pegar **25 abandonar:** dejar a alguien solo y sin ayuda **26 duelo:** lucha entre dos personas organizada siguiendo unas reglas **27 vencer:** ganar **28 esfuerzo:** trabajo **29 valor:** (aquí) valentía **30 enfrentarse:** luchar **31 alejar:** poner lejos **32 rodar:** filmar una película

ACTIVIDADES DE LENGUA Y CULTURA

EL CID CAMPEADOR

COMPRENSIÓN

A) Señala los hechos del Cid que se tratan en el texto.

ayuda al rey Sancho	conquistan Granada	se casa con doña Jimena	tiene problemas con el rey Alfonso
participa en guerras entre cristianos	conquista la ciudad de Valencia		
casa a sus hijas con reyes extranjeros	el Cid tiene problemas de salud	recupera su honor y su familia	

B) Ordena estos hechos según aparecen en el texto.

1. ______________________
2. ______________________
3. ______________________
4. ______________________

C) Indica si es verdadero o falso y por qué.

	V	F	¿Por qué?
1. El nombre del Cid viene del árabe.			
2. Fue rey.			
3. Tras luchar en Valencia volvió con su familia.			
4. El *Cantar de Mío Cid* lo escribió Rodrigo Díaz de Vivar.			
5. Siempre estuvo enfadado con el rey Alfonso.			
6. El *Cantar de Mío Cid* está escrito en latín.			
7. La historia del Cid es conocida fuera de España.			

D) Relaciona.

1. Vivar (Burgos)	fin de la Reconquista
2. Valencia	lugar donde se encuentra el libro original del *Cantar de Mío Cid*
3. Granada	lugar de nacimiento del Cid
4. Madrid	ciudad que el Cid gana y conquista

E) Señala en el mapa las ciudades y los hechos del ejercicio anterior.

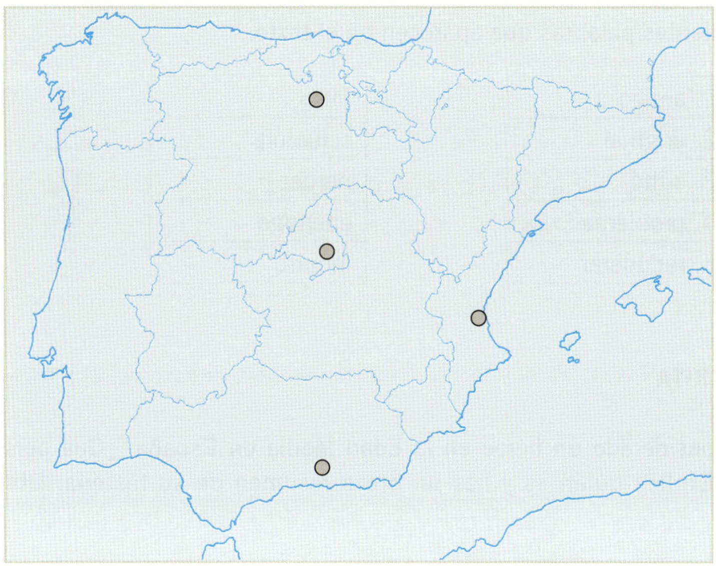

F) Completa las siguientes frases.

1. La Reconquista es importante en la historia de España porque ______________________________
2. Las hijas del Cid se casaron con los príncipes de Navarra y Aragón porque ______________________________
3. Sophia Loren ______________________________
4. El Cid siempre ayudó a Sancho porque ______________________________
5. Probablemente el *Cantar de Mío Cid* lo escribió un hombre culto porque ______________________________

LÉXICO Y GRAMÁTICA

G) Completa estas frases colocando los verbos que aparecen entre paréntesis en pretérito indefinido.

El Cid (1 nacer) ______________ en Vivar en el siglo XI. Él (2 luchar) ______________ contra los árabes en la Reconquista. (3 ser) ______________ muy amigo del hijo del rey Fernando I, Sancho. (4 casarse) ______________ con doña Jimena y (5 tener) ______________ dos hijas. El Cid (6 morir) ______________ en 1099. En el siglo XIII un escritor desconocido (7 escribir) ______________ su historia en un libro titulado el *Cantar de Mío Cid.*

H) Busca los sinónimos de las siguientes palabras que aparecen en el texto.

1. territorios	coraje
2. guerrero	libro
3. obra	áreas
4. modelo	ejemplo
5. valor	luchador

I) Busca los antónimos de las siguientes palabras que aparecen en el texto.

1. amigo	falso
2. original	solución
3. culto	perder
4. problema	enemigo
5. recuperar	inculto

COMPOSICIÓN / EXPRESIÓN ESCRITA

J) Has leído la historia del Cid, considerado un héroe en la Edad Media en España. ¿Qué personaje de la historia reciente consideras un héroe? Explica quién es y haz un breve resumen de su historia. Utiliza entre 80 y 100 palabras.

CONVERSACIÓN / EXPRESIÓN ORAL

K) Para hablar en clase

1. ¿Conocías la historia del Cid?
2. ¿En tu país hay algún personaje histórico similar? ¿Quién? ¿Por qué es conocido?
3. En su época, el Cid fue un héroe y un modelo para las personas. ¿Crees que los héroes de ahora son similares? ¿Por qué?
4. ¿Qué valores tienen las personas que son consideradas héroes en la actualidad?

TAREA

Haced grupos de tres personas para decidir qué cualidades no le pueden faltar a un héroe. Explicádselo después al resto de los compañeros de clase.

Países hispanohablantes

Historia, geografía y cultura

ESPAÑA

Capital: Madrid

Población: 48 millones

Sistema político: monarquía parlamentaria

Moneda: euro

Nacionalidad: español / española

Superficie: 504.645 km²

Murallas de Ávila

Sol, playa, siesta, fiesta, toros... son muchos los tópicos que hay sobre España. Muchos son ciertos, pero España es hoy un país moderno que pertenece a la Unión Europea y está en las grandes organizaciones internacionales.

Un poco de historia

La actual España estuvo bajo el dominio del Imperio romano. De hecho, España viene de la palabra romana Hispania. La huella de los romanos fue muy importante y aún hoy se conservan importantes ciudades de aquella época, como Mérida o Tarragona. La huella de los romanos, al igual que en el resto de los países del Imperio romano, es muy importante y se ve en la organización de la sociedad; por ejemplo, en el derecho. Tras la caída del Imperio romano, comenzó la Edad Media, que en España se caracteriza por la presencia de los árabes.

En el año 711 comenzó la invasión árabe de la península ibérica y durante casi 800 años España perteneció al Imperio árabe. La huella de esta larga presencia es muy importante. Así, hoy existen muchas palabras de origen árabe. Por ejemplo, alcalde, berenjena, ojalá y cero son palabras que proceden del árabe. También son de origen

Las meninas, de Velázquez

árabe importantes monumentos, como la Mezquita de Córdoba y la Alhambra de Granada.

Durante este tiempo, tan solo algunas zonas del norte de España no estuvieron bajo el dominio árabe. En el año 722, don Pelayo, un noble, luchó contra los árabes y los venció en la batalla de Covadonga. Así empezó la Reconquista: una serie de guerras con las que poco a poco se recuperó el territorio de la península ibérica. Este periodo terminó en 1492 cuando los Reyes Católicos lograron conquistar la ciudad de Granada.

Durante estos siglos, en España se construyeron muchos edificios religiosos, castillos y murallas para defender las ciudades que se habían conquistado. Los dos estilos arquitectónicos más importantes de la Edad Media son el románico y el gótico. Hoy muchas ciudades españolas conservan iglesias, catedrales y otros edificios de estos estilos arquitectónicos. Por ejemplo, muchas catedrales, como la de Burgos o Toledo, son góticas. Barcelona, además de la catedral, tiene un barrio gótico muy bien conservado.

En el año 1492 comenzó la época del Imperio español con el descubrimiento de América. Por eso se habla español en América Central y América del Sur, menos en Brasil. España se convirtió en el imperio donde no se ponía el sol, como decía el rey Felipe II, ya que sus territorios estaban en todo el mundo. Precisamente con Felipe II España y Portugal se unieron por primera vez: en 1580 toda la península ibérica era un solo Estado.

Los territorios españoles no estaban solo en América Latina. Los reyes españoles tuvieron una política de matrimonios por toda Europa y también hicieron guerras para ganar territorios. Así, la influencia española llegó a muchos de los actuales países europeos, como Italia, Alemania, Austria o los Países Bajos, entre otros.

En este periodo, los reyes impulsaron el arte, sobre todo, con fines religiosos. Muchos de los pintores más conocidos de España son de este tiempo. El Greco vino a España y trabajó para el rey Felipe II, aunque no fue su pintor preferido. Otro pintor muy importante es Diego de Velázquez, que trabajó para el rey Felipe IV. Uno de sus cuadros más famoso es *Las meninas,* donde se ve a la familia del monarca.

Francisco de Goya es otro pintor muy importante en la historia de España. Goya trabajó sobre todo para el rey Carlos IV. Los cuadros de Goya reflejan muy bien los tiempos que vivía España. Entre sus cuadros, destacan sus pinturas sobre la guerra de la Independencia española, cuando el país luchó contra la invasión de Napoleón en 1808.

Pero poco a poco España perdió poder, tanto en Europa como en América, y muchos de sus territorios alcanzaron la independencia. En 1898 España perdió las últimas colonias: Cuba, Puerto Rico y Filipinas.

El siglo XX fue un siglo muy duro para España, como para muchos países europeos. Tras una crisis económica y una dictadura, en España se proclamó la Segunda República en 1931. Durante este periodo se aprobaron leyes que modernizaron el país, como la nueva ley de enseñanza, la ley del divorcio o el voto para las mujeres. Sin embargo, hubo una gran conflictividad social y política: España estaba dividida en dos bloques y en 1936 comenzó una guerra civil que duró tres años. Pablo Picasso, el pintor más importante del siglo pasado, reflejó la tragedia de la guerra en uno de sus cuadros más célebres: el *Guernica.*

En el año 1939 terminó la guerra con el triunfo del general Francisco Franco. Comenzó así uno de los periodos más oscuros de la historia de España: una dictadura que duró casi 40 años. Sin embargo, en 1975 se inició

Los fusilamientos del 3 de mayo, de Goya

la Transición, un periodo histórico que llevó al país otra vez a la democracia. Tras la muerte de Franco, los españoles celebraron las primeras elecciones democráticas de esta nueva etapa en 1977 y aprobaron una constitución en 1978. Esta constitución establece que España es una monarquía constitucional. Desde entonces, España ha progresado y ha vivido grandes cambios. En el año 1986 España entró en la Unión Europea. Seis años después, España dio una imagen moderna al mundo con la celebración de las olimpiadas en Barcelona y la Exposición Universal de Sevilla en 1992.

Organización política

España es una monarquía constitucional. Eso quiere decir que en España hay elecciones democráticas en las que se elige a los miembros del parlamento y al presidente, pero también hay reyes. Los actuales reyes de España son don Juan Carlos y doña Sofía, y el príncipe Felipe es el heredero de la Corona.

Con la nueva constitución, España se dividió en 17 regiones o comunidades autónomas y cada una de ellas tiene un estatuto de autonomía. Estas comunidades autónomas son: Galicia, Asturias, Cantabria, País Vasco, Navarra, Aragón, La Rioja, Cataluña, Castilla y León, Madrid, Castilla - La Mancha, Comunidad Valenciana, Extremadura, Murcia, Andalucía, Islas Canarias e Islas Baleares

La situación geográfica y la extensión de las distintas comunidades se puede ver en el mapa del inicio de este apartado.

Las comunidades autónomas son como "pequeños estados" dentro de España. Cada comunidad autónoma tiene un presidente y tiene diferentes organismos públicos. Las comunidades autónomas tienen un estatuto de autonomía. Este documento organiza sus poderes o "competencias". Por este motivo, se dice que España es un país muy descentralizado.

En los últimos tiempos, ha habido tensiones políticas entre las diferentes comunidades y el Gobierno español.

Algunas comunidades han querido ampliar su poder y han pedido más competencias al Gobierno. Igualmente, ha habido tensión entre las diferentes comunidades autónomas porque no todas tienen el mismo nivel de poder. Por ejemplo, algunas de ellas, como Cataluña y el País Vasco, tienen un cuerpo de policía propio. Algunas, también tienen un sistema económico diferente al resto de España. Es el caso del País Vasco y Navarra.

La Constitución de España también establece que el español (o castellano) es el idioma oficial. Pero en España existen otros idiomas: el gallego, en Galicia; el vasco, en el País Vasco (Euskadi); y el catalán, en Cataluña, Valencia y Baleares. La Constitución define estos idiomas que conviven con el castellano como idiomas cooficiales en esas regiones.

España hoy

Hoy España es uno de los países más visitados del mundo: recibe más de 50 millones de visitantes cada año. España es un país con mucha variedad de climas y de paisajes: el norte es montañoso y más lluvioso, el centro es más seco, frío en invierno y caluroso en verano, y el sur y la costa mediterránea tienen un clima muy agradable. Así, España es el país perfecto para esquiar, para ir a la playa, para disfrutar de un turismo de ciudad y para pasear por los pequeños pueblos del interior. Las zonas más visitadas son Cataluña, las islas Baleares, las islas Canarias y Andalucía.

Barcelona, capital de Cataluña, enamora cada día a sus visitantes gracias a su barrio gótico, a sus playas y, sobre todo, a Gaudí: el arquitecto catalán de fama internacional. Gaudí levantó edificios en esta ciudad que son reconocidos en todo el mundo, como la fascinante Sagrada Familia, la casa Batlló y el misterioso Parque Güell.

Los príncipes en la inauguración del Instituto Cervantes de Rabat

El clima y las maravillosas playas de las islas Baleares, así como su rico pasado arquitectónico, son el destino perfecto para disfrutar de unas vacaciones. Además, muchos jóvenes visitan la isla de Ibiza, conocida por su oferta de diversión nocturna.

Las islas Canarias, situadas frente a la costa de África, son un lugar ideal en cualquier época del año. Un archipiélago con una temperatura perfecta además de una gran variedad de paisajes. En estas islas se encuentra el pico más alto de España, el volcán del Teide, con más de 3.700 m de altura.

Andalucía es belleza, es fuerza, es arte. Andalucía es una de las regiones con mayor personalidad de España. En esta región encontramos algunas de las ciudades más espectaculares de todo el país, como Sevilla, Córdoba o Granada. Precisamente, en esta última ciudad se encuentra la Alhambra, el monumento más visitado de España, un palacio árabe de una belleza única. Además Andalucía es la cuna del flamenco, un baile y cante que enamora a todo el mundo con su fuerza y profundidad. Por estos motivos, la UNESCO declaró al flamenco Patrimonio Cultural Inmaterial de la Humanidad en el 2010.

Otras ciudades importantes son Salamanca, famosa por su Plaza Mayor y su Universidad; Santiago de Compostela, que recibe millones de peregrinos que realizan el Camino de Santiago; y, por supuesto, Madrid. La capital de España es hoy reflejo de la nueva España: una ciudad moderna, con una gran cantidad de teatros, galerías,

Santiago de Compostela

Parque Güell

La Gran Vía de Madrid

salas de exposiciones, museos (como el Museo del Prado o el Museo Reina Sofía), grandes rascacielos, avenidas importantes, como la Gran Vía, o plazas históricas, como la Plaza Mayor o la céntrica Puerta del Sol. Además, Madrid nunca duerme: el ritmo de la ciudad no se detiene en las 24 horas del día.

La gastronomía del país es muy variada. España es conocida por la paella, la tortilla española, las tapas y la sangría. Pero existe una gran variedad de platos en las diversas regiones. El País Vasco es conocido por sus sabrosas tapas; las zonas de costa, como Galicia o todo el Mediterráneo, ofrecen deliciosos platos de mariscos y pescados. En el interior encontramos recetas realizadas sobre todo con carne. El cochinillo y el cordero asado son típicos de la región de Castilla y León. Uno de los productos más característicos de España es el aceite de oliva, el "oro líquido", que es básico en la cocina mediterránea. España es el primer productor mundial de aceite de oliva. Los vinos españoles también son muy apreciados en todo el mundo.

Economía española

España es una de las principales economías del mundo. En las últimas décadas ha tenido un desarrollo muy importante gracias a la ayudas de la Unión Europea y al desarrollo de la industria y el turismo. España tuvo un gran crecimiento económico a finales de la década de los noventa y primeros años del 2000. Durante estos años, la construcción fue un motor importante

En los últimos años, el país ha apostado por las nuevas energías, y es uno de los principales productores de energía eólica y solar. Además, es el país europeo con mayor número de kilómetros de tren de alta velocidad (AVE). El AVE español es un ejemplo de transporte rápido y ecológico. Otro sector donde España destaca es en el sector textil. Dos de las principales empresas de moda del mundo son españolas: Zara y Mango. También la industria del calzado es muy importante. Camper es la empresa de zapatos más internacional del país.

Sin embargo, en el año 2008, España empezó a sufrir las consecuencias de la crisis económica mundial. Por este motivo, el crecimiento económico disminuyó y el país tuvo muchos problemas, especialmente un alto desempleo.

Sin embargo, la España de hoy es una España muy diferente a la que salió de la dictadura franquista. En un periodo de tiempo muy corto, España ha evolucionado y ha demostrado ser un país moderno, sin renunciar a su rico pasado: España es modernidad y tradición.

Costa Brava

Cadaqués

Breve historia del español

El español o castellano es una lengua romance, es decir, un idioma que proviene del latín. Otras lenguas romances son el francés, el catalán, el rumano, el italiano o el portugués. Tras la caída del Imperio romano, el latín fue alterándose y dio origen a diversas variedades a las que se las llamaba "romances". Una de estas variedades, la que se hablaba en el norte de la península ibérica (cerca del País Vasco) dio lugar al castellano. Por este motivo, el idioma vasco y el castellano tienen una pronunciación similar. Con el paso del tiempo, cuando se forma España como país, el castellano empieza a llamarse español. Hoy en día, castellano y español se utilizan como sinónimos en muchas ocasiones; aunque en cierta medida deberíamos considerar que el castellano es la variedad de español que se habla en Castilla.

Los primeros escritos en castellano son de finales del siglo X: las Glosas Emilianenses, que eran unos comentarios o "traducciones al castellano" que escribían los monjes en los libros. Pero la primera obra de la literatura escrita completamente en castellano es el *Cantar de Mío Cid,* escrito hacia el año 1200. Poco a poco, por cuestiones económicas y prácticas, el castellano se convirtió en el idioma de uso común. Después, tras el descubrimiento de América en 1942, el español saltó el océano y se expandió por todo el continente americano.

La obra más importante en español es la novela *Don Quijote de la Mancha,* de Miguel de Cervantes, publicada en 1605. Cervantes es considerado el mejor escritor de la lengua española. La época de Cervantes es muy importante para la literatura española y se la conoce como Siglo de Oro. Este momento de esplendor tiene lugar entre los siglos XVI y XVII. Otros importantes autores de esta época son Luis de Góngora, Calderón de la Barca, Lope de Vega y Francisco de Quevedo.

En el año 1713 fue fundada la Real Academia Española, una institución para fijar y para poner las normas ortográficas del idioma. El lema de la RAE es "limpia, fija y da esplendor a la lengua española". La RAE es la institución que elabora el diccionario del español, la gramática y las normas de la ortografía. En la actualidad, existen 22 academias de la lengua española. Estas academias están en los países donde se habla español, incluidos Estados Unidos y Filipinas. Estas academias trabajan para fijar el español, para expandirlo, pero también para reflejar la variedad y riqueza de un idioma que es hablado por cerca de 450 millones de personas en todo el mundo. ■

AMÉRICA DEL NORTE

MÉXICO

Capital: Ciudad de México (D.F.)

Población: 112 millones

Sistema político: república federal

Moneda: peso mexicano

Nacionalidad: mexicano / mexicana

Superficie: 1.972.550 km²

¡Viva México lindo! Los mexicanos cantan orgullosos así su rico pasado. Antes de la llegada de los españoles, en México había numerosas culturas indígenas, algunas de ellas muy desarrolladas. Las más importantes son la maya, la totonaca y la azteca. La capital azteca se llamó Tenochtitlan. Hoy es un conjunto arquitectónico muy visitado por sus impresionantes pirámides.

Mujeres artesanas en Cuetzalan

Moctezuma, emperador azteca, dio la bienvenida a los españoles, pues creía que Hernán Cortés era un dios. Comenzó así el fin de la época del Imperio azteca. Desde ese momento, los españoles extendieron su dominio por todo el territorio. México perteneció a España hasta que declaró su independencia en 1810. El siglo XX comenzó con un hecho de importancia mundial: la Revolución mexicana, que hizo famoso a Emiliano Zapata, que junto a Pancho Villa, luchó por los derechos de los campesinos mexicanos. Durante más de 70 años el país tuvo presidentes del PRI, el Partido Revolucionario Institucional, hasta que en el año 2000 fue elegido Vicente Fox, miembro del PAN (Partido Acción Nacional).

El México de hoy es un país moderno, con acuerdos internacionales, como el Tratado de Libre Comercio con Estados Unidos y Canadá. Su economía está basada en sus materias primas, como el petróleo y el turismo. Algunas de sus playas son famosas en todo el mundo, por ejemplo Cancún o Acapulco. Otras zonas muy visitadas son la zona arqueológica de Chichén Itzá, de origen maya, y las ciudades de Puebla y Monterrey.

Pero México también tiene problemas que aún tiene que solucionar. Cada año miles de personas tratan de cruzar la frontera a Estados Unidos por la falta de trabajo y de futuro en su país. Además, la violencia, la droga y el narcotráfico dan una imagen negativa de México en el extranjero. Uno de los principales focos de violencia es la frontera con Estados

Playa de Zicatela

Chichén Itzá

Unidos: la Ciudad de Juárez. Esta ciudad es mundialmente conocida por los crímenes que se cometen en ella, sobre todo contra las mujeres.

A pesar de estos problemas, México está orgulloso de sus tradiciones, su cultura y su gastronomía (a veces muy picante). Una de las tradiciones más populares del país son las piñatas, que se han extendido por todo el mundo, especialmente en Estados Unidos. Durante las fiestas, los niños deben romper las piñatas con un palo para conseguir todos los regalos, caramelos y dulces que hay en su interior.

Las recetas y los platos mexicanos son muy variados. Los más famosos son los burritos y las enchiladas (tortillas de trigo o de maíz rellenas de carne y otros ingredientes), el guacamole y las quesadillas. Debido a su rica variedad, la gastronomía mexicana ha sido declarada por la UNESCO Patrimonio Cultural Inmaterial de la Humanidad en el año 2010.

En los últimos años, el cine mexicano ha dado grandes directores. Dos de los más conocidos son Guillermo del Toro y Alejandro González Iñárritu. El primero ha dirigido películas de ciencia ficción como *El laberinto del fauno, Blade II* o *Hellboy,* las dos últimas en Hollywood. Iñárritu realiza un cine más personal y social. Sus películas más famosas son *21 gramos* y *Babel.* La actriz más famosa de México es Salma Hayek.

Otras figuras importantes de origen mexicano son el pintor Diego Rivera y la pintora Frida Kahlo (una de las pintoras más admiradas del pasado siglo), la cantante Chavela Vargas y los escritores Juan Rulfo (su obra más conocida es *Pedro Páramo*) y Carlos Fuentes, de gran influencia en la literatura contemporánea. ■

DATO CURIOSO

El español es el idioma oficial en México, pero no es el único. Existen más de 60 idiomas de origen indígena, que reflejan la riqueza del pasado del país. Algunas de estas lenguas indígenas son el maya yucateco y el náhuatl.

Cuetzalan

Playa de Carrizalillo

AMÉRICA CENTRAL Y PAÍSES DEL CARIBE

Antigua

GUATEMALA

Capital: Ciudad de Guatemala	
Población: 14,7 millones	
Sistema político: república presidencialista	
Moneda: quetzal	
Nacionalidad: guatemalteco / guatemalteca	
Superficie: 108.889 km²	

Guatemala es uno de los países que mejor ha conservado su pasado maya. Además, la mayoría de su población es indígena, especialmente maya. Por eso existen más de 20 idiomas indígenas en el país, junto al español. La historia de este país es fascinante: los mayas fueron una civilización muy avanzada y construyeron muchas ciudades. Entre ellas destaca Tikal, hoy uno de los mayores y mejores parques arqueológicos del mundo.

Sin embargo, las poblaciones indígenas han sido durante muchos siglos discriminadas y no han disfrutado de todos sus derechos. Por ejemplo, entre los años 1978 y 1982 hubo una gran represión que afectó principalmente a la población maya: cerca de medio millón fueron asesinados.

Una de las principales defensoras de los derechos de los indígenas es Rigoberta Menchú. Varios miembros de su familia fueron asesinados y su padre murió en la Embajada española en un ataque contra un grupo de indígenas que reclamaban sus derechos. Rigoberta recibió el Premio Nobel de la Paz por la defensa de los derechos humanos en 1992.

Guatemala puso fin a décadas de guerra en 1996, con la firma de los Acuerdos de Paz. Desde entonces, el país trata de mirar hacia el futuro.

La huella del pasado español se ve en preciosas ciudades como Antigua: una ciudad que visitan millones de turistas para pasear por sus bellas calles y contemplar sus monumentos coloniales. La ciudad está rodeada de volcanes y es una de las mejores conservadas en toda América Central. Además, es uno de los principales destinos de los estadounidenses y canadienses que estudian español. Por eso en la ciudad hay muchas academias.

Guatemala posee uno de los lagos más espectaculares del mundo, el lago Atitlán, rodeado de pequeños pueblos indígenas que conservan su cultura. Algunos occidentales que lo visitan se enamoran de su belleza y su paz, y se quedan a vivir allí. Hoy es fácil encontrar muchos centros de meditación, de yoga o de retiro espiritual.

Uno de los principales autores en lengua castellana es guatemalteco: Miguel Ángel Asturias, Premio Nobel de Literatura en 1967. Su obra más importante es *El señor presidente,* una novela sobre las dictaduras. ■

DATO CURIOSO

Según algunos estudios, el calendario maya predijo el fin del mundo para el año 2012. Por eso, Hollywood ha hecho películas sobre las catástrofes que acaban con la humanidad en ese año.

Lago Atitlán

Centro de San Salvador

EL SALVADOR

Capital: San Salvador	
Población: 5,8 millones	
Sistema político: república presidencialista	
Moneda: dólar estadounidense	
Nacionalidad: salvadoreño / salvadoreña	
Superficie: 21.041 km²	

El Salvador es el país más pequeño de América Central. Al igual que sus países vecinos, su pasado está marcado por la presencia española, y más recientemente por una guerra que acabó con la vida de miles de salvadoreños. En 1992 se firmó la paz, pero otras catástrofes lo han golpeado: terremotos, sequías y la violencia en las calles de las pandillas callejeras llamadas “maras”.

El Salvador es uno de los países más pobres de la zona, pero poco a poco ha comenzado a desarrollar su economía gracias a la estabilidad conseguida por los acuerdos de paz. Además, millones de salvadoreños que viven fuera del país (especialmente en los Estados Unidos) envían cada año millones de dólares para ayudar a sus familiares. ■

DATO CURIOSO

La moneda oficial de El Salvador es el dólar estadounidense. En el año 2001 el país decidió abandonar su antigua moneda, el colón salvadoreño, y comerciar con el dólar.

HONDURAS

Capital: Tegucigalpa	
Población: 7,8 millones	
Sistema político: república presidencialista	
Moneda: lempira	
Nacionalidad: hondureño / hondureña	
Superficie: 112.492 km²	

Honduras es el país más montañoso de América Central. Este país disfruta, como la mayoría de sus países vecinos, de un clima tropical: las temperaturas son cálidas durante todo el año. Además, la fauna y flora son muy variadas: algunos de los animales más conocidos son el jaguar y el tucán.

La población de Honduras es mayoritariamente mestiza (más del 80%). Las grandes ciudades del país son Tegucigalpa, la capital, y San Pedro Sula, donde se desarrolla la mayor parte de la actividad económica. El turismo ha despegado en las últimas décadas gracias a sus numerosos parques naturales y sus maravillas arqueológicas, como Copán, una ciudad maya situada en el oeste del país. ■

DATO CURIOSO

Cuando los españoles llegaron a Copán, la ciudad maya ya estaba completamente abandonada. En los monumentos y las ruinas de esta ciudad hay muchos jeroglíficos, en forma de figuras y símbolos, que han aportado información sobre su pasado.

Copán

León

Granada

NICARAGUA

Capital: Managua	
Población: 5,5 millones	
Sistema político: república presidencialista	
Moneda: córdoba	
Nacionalidad: nicaragüense	
Superficie: 129.494 km²	

Nicaragua es el país más grande de América Central. El siglo XX estuvo marcado por la dictadura en Nicaragua, desde 1936 hasta 1979, cuando el Frente Sandinista se hizo con el poder y acabó con la dictadura de los Somoza. Después el país entró en una guerra civil: los sandinistas lucharon contra unos grupos armados que se llamaban "los contras" y estaban apoyados por Estados Unidos. Esta guerra provocó que muchos nicaragüenses emigraran del país. Finalmente, el conflicto acabó en 1990.

Ese año llegó a la presidencia Violeta Chamorro, la primera mujer que alcanzó el poder en América Central. Su Gobierno logró terminar con la guerra. Violeta Chamorro estuvo en el poder hasta 1997. Unos años más tarde, los sandinistas volvieron al Gobierno.

La capital, Managua, fue destruida por un terremoto en 1972. En la actualidad, aún no se ha acabado de reconstruir. Por esta razón no son muchos los turistas que visitan la capital.

Uno de los grandes atractivos del país son sus numerosos volcanes. Cerca de la capital se encuentra el volcán Masaya, un volcán activo que expulsa gases continuamente.

En Nicaragua, hay dos ciudades muy importantes de la época colonial que durante mucho tiempo rivalizaron por ser la capital del país: Granada y León. Hoy son dos de los principales puntos turísticos, especialmente Granada, a orillas del lago Nicaragua. En esta ciudad se celebra cada año un festival internacional de poesía que atrae a poetas de todo el mundo.

Uno de los mejores poetas de la lengua española y el más importante del país es nicaragüense: Rubén Darío. Nació en 1867 en Metapa, aunque pasó su infancia en León. Su importancia es tan grande que es conocido como el "Príncipe de las letras castellanas". Otros autores muy importantes son Ernesto Cardenal y Gioconda Belli. ■

DATO CURIOSO

El lago Nicaragua es el lago más grande de América Central. En él se encuentra la isla de Ometepe, otro de los destinos turísticos más importantes del país. Esta isla está formada por dos volcanes, el volcán Concepción y el volcán Maderas. En las aguas del lago que rodea la isla vive la única especie de tiburón de agua dulce del mundo.

COSTA RICA

Capital: San José

Población: 4,6 millones

Sistema político: república presidencialista

Moneda: colón costarricense

Nacionalidad: costarricense

Superficie: 51.100 km²

Costa Rica se caracteriza por sus impresionantes paisajes, su naturaleza salvaje y sus numerosos parques nacionales. Hoy cerca del 25% del territorio está protegido. Costa Rica ha aprovechado esta riqueza natural y ha desarrollado el "eco-turismo": un turismo que protege el medio ambiente. Entre los animales que pueblan los bosques y selvas, destacan el puma y el jaguar.

Costa Rica está considerada como una de las democracias más consolidadas y estables del continente, aunque en el pasado sufrió también una guerra civil (1948). Tras este enfrentamiento, en Costa Rica no hay Ejército. Además, es uno de los primeros países en haber elegido a una mujer como presidente, Laura Chinchilla, en el 2010. ■

DATO CURIOSO

El origen del nombre de Costa Rica, según los historiadores, proviene de las grandes riquezas que encontró Colón al llegar al país. Los españoles decidieron llamar a esta tierra "Costa Rica" porque había mucho oro.

Guacamayos

Canal de Panamá

PANAMÁ

Capital: Panamá

Población: 3,4 millones

Sistema político: república presidencialista

Moneda: balboa
(el dólar estadounidense circula legalmente)

Nacionalidad: panameño / panameña

Superficie: 78.200 km²

Panamá es el país más estrecho de América Central: sus costas están separadas, en algunos lugares, por unos 80 kilómetros. Esto permitía el paso del océano Atlántico al Pacífico sin bordear toda América Latina, un hecho muy importante para el comercio mundial. Por este motivo fue un territorio clave del Imperio español, del que se independizó en 1821.

Al principio, la distancia que separaba las dos costas se hacía por tierra, pero luego se decidió construir un canal para unirlas. En 1914 se inauguró el Canal de Panamá y durante casi cien años estuvo bajo administración estadounidense. La construcción del canal trajo a Panamá un número muy importante de personas de diferentes zonas del mundo. Esta variedad se refleja aún hoy en la población del país.

El canal es uno de los motores económicos más importantes del país, junto con el petróleo y el turismo ecológico. ■

DATO CURIOSO

El sombrero de Panamá es un sombrero de paja muy utilizado en América. Sin embargo, su origen es Ecuador. Se llama así porque se utilizó mucho durante la construcción del canal.

REPÚBLICA DOMINICANA

Capital: Santo Domingo
Población: 10 millones
Sistema político: república presidencialista
Moneda: peso dominicano
Nacionalidad: dominicano / dominicana
Superficie: 48.442 km²

Colón descubrió América en 1492, cuando trataba de llegar a la zona de la India viajando hacia el Oeste. La isla de La Española (donde están hoy la República Dominicana y Haití), fue una de las primeras islas que pisó Colón cuando llegó a América. La República Dominicana sufrió numerosas ocupaciones, y no alcanzó su independencia definitiva hasta 1865. Atrás quedaron años de lucha contra los españoles, los franceses y los haitianos. El siglo XX trajo nuevos problemas políticos a la isla, con una ocupación estadounidense y una de las dictaduras más sangrientas de América: la de Rafael Leónidas Trujillo, de 1930 a 1961.

República Dominicana es conocida hoy por sus bellísimas playas naturales, como las de Punta Cana, que han hecho que sea uno de los principales destinos turísticos del mundo. Además, esta isla es famosa por sus ritmos caribeños: el merengue y la bachata tienen su origen aquí. La población de la isla es mayoritariamente mulata, debido a los numerosos esclavos que vinieron de África. Dos de los principales recursos económicos del país son el turismo y el dinero que los miles de inmigrantes dominicanos envían a sus familias, sobre todo desde Estados Unidos y España. ■

DATO CURIOSO

Santo Domingo fue el primer asentamiento europeo en el Nuevo Mundo. Por este motivo, la ciudad tiene algunas de las primeras construcciones de América, como la primera catedral, el primer castillo, o el primer convento.

Catedral de San Juan

PUERTO RICO

Capital: San Juan
Población: 3,8 millones
Sistema político: estado libre asociado, territorio no incorporado de EE. UU.
Moneda: dólar estadounidense
Nacionalidad: puertorriqueño / puertorriqueña o boricua
Superficie: 9.104 km²

Puerto Rico es otra de las islas del Caribe. Esta isla alcanzó su independencia en 1898 y desde entonces comenzó un acercamiento a los Estados Unidos. Hoy es un territorio no incorporado de los Estados Unidos. En la actualidad hay partidarios de mantener este estatus político, otros están a favor de la incorporación total y también hay partidos que defienden la independencia total.

El idioma oficial es el español junto con el inglés. La isla posee una espectacular naturaleza. Sus playas son muy visitadas, especialmente las de Isla Verde. Otro lugar de interés turístico es el Yunque, un bosque tropical. Su capital, San Juan, es una de las ciudades coloniales que mejor se ha conservado. El personaje artístico más famoso nacido en la isla es Ricky Martin, que ha vendido millones de discos en todo el mundo. ■

DATO CURIOSO

Durante el siglo XX miles de puertorriqueños emigraron a Nueva York. Cada año, desde 1958, se celebra el "Desfile puertorriqueño" que inunda las calles de La Gran Manzana de color caribeño.

CUBA

Capital: La Habana	
Población: 11,2 millones	
Sistema político: régimen comunista	
Moneda: peso cubano	
Nacionalidad: cubano / cubana	
Superficie: 110.860 km²	

La Habana Vieja

Cuba es la mayor de las islas del Caribe. Fue, junto a Puerto Rico y Filipinas, la última de las colonias en conseguir la independencia, en 1898. Estados Unidos ayudó a la isla a independizarse en la guerra que esta mantenía con España. Tras su intervención, Cuba tuvo una fuerte presencia estadounidense, tanto en su sociedad como en la política. En 1952, Fulgencio Batista dio un golpe militar que acabó con la democracia en la isla y estableció una dictadura. Sin embargo, Batista abandonó el país en 1958 ante el avance de los guerrilleros liderados por Fidel Castro, Camilo Cienfuegos y Ernesto "Che" Guevara. De este modo, el 1 de enero de 1959 triunfó la revolución en Cuba. Poco tiempo después el Gobierno se declaró comunista y consiguió el apoyo político y económico de la Unión Soviética (Rusia).

Cuba ha sido uno de los países protagonistas de la segunda mitad del siglo XX. Tras el triunfo de la Revolución, la isla se convirtió en un ejemplo para otros países latinoamericanos que buscaban liberarse de la presión estadounidense. Además, el apoyo de la Unión Soviética hizo que tuviera un papel muy relevante en la Guerra Fría. Cuba fue protagonista de uno de los episodios más tensos de este periodo: la crisis de los misiles en 1962. En aquel momento la Unión Soviética instaló unos misiles nucleares en la isla que apuntaban hacia Estados Unidos. Este hecho puso al mundo al borde de una guerra nuclear. Finalmente, el conflicto se solucionó cuando Rusia retiró los misiles.

La Revolución cubana contó desde el principio con el apoyo de grandes intelectuales de la época, como el filósofo francés Jean Paul Sartre. Sin embargo, muchos de estos intelectuales fueron retirando su apoyo según pasaron los años. Es el caso del escritor Mario Vargas Llosa, que criticó la falta de libertad de expresión y los métodos represivos utilizados por el Gobierno cubano.

Después de la caída de la Unión Soviética en 1991, Cuba pasó por un periodo muy difícil para su economía. A este periodo crítico se le llama "periodo especial". Durante este tiempo la población cubana vivió momentos muy difíciles debido a la falta de alimentos. Estos problemas económicos se hicieron mayores con el bloqueo comercial que Estados Unidos ha impuesto a la isla. Esta situación se alarga de manera indefinida. Tras la retirada de Fidel Castro por enfermedad en 2006, su hermano Raúl asumió el poder y ha realizado reformas económicas para mantener la Revolución.

Playas de Varadero

Plaza de la Revolución. Retrato del Che

Los defensores de Cuba alaban su sistema gratuito de enseñanza y salud y destacan otros logros en el ámbito cultural, deportivo y médico. Sus críticos califican al régimen de Cuba como una dictadura, donde no existe libertad política ni de expresión ni se respetan los derechos humanos.

Cuba es una isla que parece detenida en el tiempo: los coches de los años cincuenta aún circulan por sus calles. Además, la vitalidad de sus gentes, el ritmo de su música y el rico pasado colonial (como se ve en La Habana o en Trinidad) atraen a miles de turistas, especialmente canadienses y europeos. Viñales, en el oeste de la isla, es una de las zonas más visitadas por sus espectaculares paisajes naturales. Por otro lado, Varadero, conocido por sus playas de arena blanca y aguas transparentes, es uno de los principales destinos turísticos del Caribe.

Santera en La Habana

Al igual que en el resto de los países caribeños, la influencia africana se siente en la cultura, especialmente en la religión y en la música. La santería es una religión muy presente en la isla. Es el fruto de la unión de elementos africanos y católicos.

La música cubana es famosa en todo el mundo. Una de las figuras más destacadas fue Celia Cruz. También son muy conocidos los cantantes de la Nueva Trova Cubana, Pablo Milanés y Silvio Rodríguez. Otra cantante muy popular es Gloria Estefan, aunque ha vivido desde su infancia en los Estados Unidos. También la salsa, un baile caribeño de origen cubano, es hoy muy popular. Miles de personas lo están aprendiendo a bailar en Europa y América. ■

DATO CURIOSO

Uno de los personajes más importantes de la Revolución cubana es el Che. Su verdadero nombre era Ernesto Guevara y era argentino. Sus compañeros lo llamaban Che porque esta expresión es muy habitual en Argentina para dirigirse a la gente, y él la usaba mucho. El Che murió en Bolivia cuando trataba de hacer la revolución en este país.

AMÉRICA DEL SUR

VENEZUELA

Capital: Caracas	
Población: 30 millones	
Sistema político: república presidencialista	
Moneda: bolívar	
Nacionalidad: venezolano / venezolana	
Superficie: 916.445 km²	

Salto del Ángel

Venezuela fue el primer territorio que Colón pisó al llegar al continente de América. En sus dos primeros viajes, Colón llegó a las islas del Caribe, y en agosto de 1498, en su tercer viaje, por primera vez entró en el continente americano. Venezuela declaró su independencia en 1811. Uno de los personajes más destacados de esa época es Simón Bolívar, llamado el Libertador, hoy convertido en uno de los héroes del país. Los últimos años de la política venezolana han estado dominados por la "Revolución Bolivariana", un proyecto político de izquierdas impulsado por Hugo Chávez.

La principal ciudad del país es la capital, Caracas, donde viven más de cinco millones de habitantes. Caracas es una de las ciudades más cosmopolitas de toda América, con una vida cultural muy intensa. En la ciudad se encuentran las Torres Gemelas del Parque Central. Estas torres son los rascacielos más altos de América del Sur: miden 225 m. La segunda ciudad más poblada del país es Maracaibo, en el noroeste del país.

Venezuela disfruta de un clima tropical, que atrae a miles de turistas. Sus costas están en el mar Caribe y tiene playas de arena blanca. Entre los destinos más famosos está Isla Margarita o el parque nacional Mochima. Otra de las grandes atracciones del país es el Salto del Ángel. Esta catarata es el salto de agua más grande del mundo. Está en el oeste del país y tiene una altura de un kilómetro aproximadamente. A pesar de ser un lugar muy visitado, es muy difícil llegar allí porque toda la zona está rodeada por la selva.

Isla Margarita

La principal fuente de ingresos del país es el petróleo, ya que Venezuela es uno de los mayores productores del mundo. La agricultura es otra importante fuente de ingresos, especialmente el cultivo de maíz y la caña de azúcar. La industria es también importante, especialmente la industria del acero.

El novelista más destacado de la literatura venezolana del último siglo es Rómulo Gallegos. Este escritor fue además político. Fue elegido presidente de Venezuela en 1948 con más del 80% de los votos, aunque estuvo tan solo nueve meses en el cargo. Desde el año 1963 se entrega un premio literario que lleva su nombre. Este premio está considerado como el más prestigioso de las letras latinoamericanas. ■

DATO CURIOSO

Venezuela tiene el precio por litro de gasolina más barato del mundo. Menos de cinco centavos de dólar. Eso significa que, por ejemplo, una botella de agua puede costar 30 veces más que un litro de gasolina.

Campos de café

COLOMBIA

Capital: Bogotá

Población: 45 millones

Sistema político: república presidencialista

Moneda: peso colombiano

Nacionalidad: colombiano / colombiana

Superficie: 1.141.748 km²

Colombia es el único país de América del Sur que tiene costas en el océano Atlántico y en el Pacífico. Su nombre proviene de Cristóbal Colón (Cristóforo Colombo, en italiano), aunque él nunca estuvo en tierra colombiana. Tras su independencia de España, en 1810, se creó la Gran Colombia, junto a otros países latinoamericanos, como Panamá, pero este proyecto tuvo una vida muy corta.

Desde 1964 Colombia ha sufrido el terrorismo de las FARC (Fuerzas Armadas Revolucionarias de Colombia). Este grupo ha secuestrado y matado a miles de personas. Según las cifras de la ONU, Colombia era en 2009 el país del mundo con mayor número de personas desplazadas por motivo de un conflicto, más de tres millones, por delante de países como Irak, el Congo o Somalia. Ingrid Betancourt, una política colombiana muy famosa, estuvo secuestrada durante más de seis años. El conflicto de las FARC ha provocado diferentes conflictos diplomáticos entre Colombia y los países vecinos.

El clima de Colombia es tropical, aunque en las zonas montañosas el clima es muy frío. Bogotá, la capital, está situada en el centro del país y es una ciudad con una gran vida cultural. La ciudad ofrece teatros, museos, festivales... La UNESCO la declaró Capital Mundial del Libro en 2007. Bogotá tiene uno de los mejores sistemas de transporte público del continente y desarrolla políticas muy innovadoras para reducir la contaminación. La segunda ciudad más importante es Medellín, pero la ciudad más visitada es Cartagena de Indias. Esta ciudad fue fundada por los españoles

Cartagena de Indias

en 1533. La ciudad cuenta con bonitos lugares para visitar, como el Castillo de San Felipe de Bajaras, el Museo del Oro, la plaza de los Coches o la Torre del Reloj. Cartagena tiene una temperatura media anual de 29° C. Esta temperatura permite disfrutar de sus 19 km de playas. Además, posee una barrera de coral de 20 km de gran belleza.

La agricultura es muy importante en el país. Los principales cultivos son el café, el arroz, el algodón, la caña de azúcar y el maíz. Colombia también exporta otros productos, como el oro y las esmeraldas (es el primer exportador del mundo). También es un gran productor de carbón y petróleo.

Bogotá

Colombia es la cuna de grandes personajes de la cultura latina. El escritor Gabriel García Márquez, ganador del Premio Nobel de Literatura en 1982, nació en Aracataca. Una de sus novelas más famosas es *Cien años de soledad,* un clásico de la literatura en español. García Márquez es uno de los grandes escritores del realismo mágico, un a importante corriente literaria del siglo XX.

Otro personaje famoso de origen colombiano es Shakira. La cantante nació en la ciudad de Barranquilla y ha vendido millones de discos. García Márquez y Shakira son buenos amigos y la cantante compuso dos canciones para la película *El amor en los tiempos del cólera,* una adaptación al cine de una novela de García Márquez. El cantautor Juanes, que tiene millones de seguidores en el mundo, también es colombiano.

En el mundo de la pintura y la escultura, destaca Fernando Botero, reconocido internacionalmente por sus figuras de grandes y redondas formas. Botero es uno de los artistas latinoamericanos mejor pagados. ■

DATO CURIOSO

Las telenovelas son unas series de televisión muy populares en Colombia y en toda América Latina. Las telenovelas cuentan normalmente historias de amor, celos y venganzas. *Yo soy Betty, la fea* fue una telenovela colombiana muy famosa: se ha visto en las televisiones de más de 100 países, ha sido adaptada por otros 20 países, y es la telenovela con más éxito de la historia, según el Guinness World Records. En Estados Unidos se llamó *Ugly Betty.*

ECUADOR

Capital: Quito

Población: 14,2 millones

Sistema político: república presidencialista

Moneda: dólar estadounidense desde el año 2000 (anteriormente el sucre)

Nacionalidad: ecuatoriano / ecuatoriana

Superficie: 283.561 km²

La Catedral Primada de Quito

Ecuador debe su nombre a la línea imaginaria que divide la Tierra en dos partes y que atraviesa el país de este a oeste. Ecuador formó parte del Imperio inca, que se extendió por una amplia zona del territorio sudamericano. En 1809 declaró su independencia del Reino de España, aunque Ecuador, como país, no se constituyó hasta 1830. Durante el siglo XX hubo mucha violencia y mucha inestabilidad política, aunque en la actualidad hay elecciones democráticas.

Ecuador es un país de contrastes en el que se pueden encontrar playas que son como paraísos, grandes montañas (los Andes) y selvas amazónicas. Esta gran variedad hace de Ecuador un país con un gran potencial para el turismo. En los últimos años se ha desarrollado también un turismo de aventuras, gracias a la variedad de su geografía. Este tipo de turismo incluye visitas a las selvas, deportes de aventura, como la escalada o el descenso de ríos. Por cierto, Ecuador es el país con mayor concentración de ríos por kilómetro cuadrado. Otra actividad muy popular es la observación de ballenas, que vienen desde el océano Antártico para tener a sus crías en las aguas cálidas de Ecuador.

Quito, la capital, es una joya arquitectónica gracias a sus numerosos monumentos. Quito fue la primera ciudad del mundo (junto a Cracovia, en Polonia) en ser declarada Patrimonio Cultural de la Humanidad por la UNESCO, en el año 1978. Este hecho confirma la belleza de una ciudad que además se encuentra rodeada por cuatro volcanes. La ciudad más poblada es Guayaquil, considerada el principal centro económico del país. Otra ciudad importante es Cuenca, también declarada Patrimonio Cultural de la Humanidad.

La gastronomía del país es muy variada. El producto más típico de Ecuador es el plátano. En Ecuador existen diversas variedades de plátano y puede comerse como fruta, frito, asado o cocido. ■

Tortugas gigantes en las Islas Galápagos

DATO CURIOSO

Las Islas Galápagos pertenecen a Ecuador. Estas islas nunca estuvieron pegadas al continente y por este motivo la fauna y la flora del archipiélago son únicas en el mundo. Entre las especies más típicas están la tortuga gigante, que puede llegar a medir 1,80 m y puede pesar más de 220 kg, y las iguanas terrestres y marinas. Estos animales nunca estuvieron en contacto con el ser humano, por eso no tienen miedo de los turistas. Charles Darwin elaboró la famosa teoría de la evolución de las especies al observar las plantas y los animales de estas islas.

Isla del Sol

BOLIVIA

Capital: Sucre (La Paz, capital administrativa)
Población: 10,5 millones
Sistema político: república presidencialista
Moneda: boliviano
Nacionalidad: boliviano / boliviana
Superficie: 1.098.581 km²

Bolivia debe su nombre al héroe de la independencia Simón Bolívar, el Libertador. Tras alcanzar su independencia en 1825, el país entró en guerra con algunos de sus vecinos y perdió numerosos territorios, incluida su salida al mar. En el año 2010, Perú "regaló" terreno a Bolivia para construir un puerto en el Pacífico.

Al igual que en otros países vecinos, la población indígena ha estado discriminada durante mucho tiempo. En el año 2005, Evo Morales ganó las elecciones presidenciales. De este modo, Morales se convirtió en el primer presidente de origen indígena del país. Morales desarrolló una política de apoyo a la población indígena, la más desfavorecida. Por ejemplo, ha desarrollado campañas de alfabetización para los más pobres del país. Igualmente, Evo Morales impulsó una nueva constitución, donde se dan nuevos derechos para la población indígena. Además, Morales impulsó una política de izquierdas, que ha sido calificada de radical por la oposición. Todos estos cambios han dividido a Bolivia en dos bloques: los partidarios de Morales y los contrarios a sus políticas. La tensión ha sido muy elevada y en algunos momentos se ha hablado de una posible guerra civil.

La Constitución de Bolivia declara que la capital del país es Sucre. Sin embargo, La Paz es la ciudad donde se encuentra el Gobierno. La Paz es la ciudad más elevada del mundo; está a más de 3.600 m sobre el nivel del mar. Pero la ciudad más poblada del país se llama Santa Cruz de la Sierra. En ella viven más de dos millones de habitantes.

La población boliviana es mayoritariamente mestiza: cerca del 70%. Las culturas indígenas más extendidas son los aimaras y los quechuas. El idioma oficial es el español, hablado por la mayoría del país, pero están reconocidas casi 40 lenguas más. La cultura boliviana es una muestra de este mestizaje. Sus tradiciones, su gastronomía y los trajes típicos reflejan esta mezcla de culturas.

Entre Perú y Bolivia, en los Andes, está el lago Titicaca. Titicaca significa "puma de piedra". Este lago es el segundo lago más grande de América del Sur y el lago navegable más alto del mundo: tiene una superficie de más de 8.500 km² y está situado a una altura media de 3.800 m. En el lago existen numerosas islas. La mayor de todas es la Isla del Sol. ■

DATO CURIOSO

"Valer un Potosí" es una expresión que significa que algo es muy caro. Potosí es una ciudad boliviana donde los españoles explotaron sus minas, especialmente de plata. La ciudad era muy rica y por eso hoy se dice que algo caro vale o cuesta un Potosí.

Ruta de Yungas

Machu Picchu

PERÚ

Capital: Lima
Población: 30 millones
Sistema político: república presidencialista
Moneda: nuevo sol
Nacionalidad: peruano / peruana
Superficie: 1.285.215 km²

Perú es reconocido en todo el mundo por su pasado indígena. Mucha gente relaciona a este país con los incas, pero antes de ellos existieron otras culturas, como la Moche (200 a.C. - 600 d.C.) o la Wari (600 d.C.). Los incas se establecieron en este territorio y gobernaron desde el año 1.200 al 1.500, aproximadamente. El Imperio inca se extendía por todo el Perú, Bolivia, Ecuador, y partes de Chile, Argentina y Colombia. La civilización inca fue una de las más desarrolladas de la época, con una importante organización económica y una arquitectura muy avanzada, como demuestran las ruinas de Machu Picchu. La capital del Imperio fue Cuzco.

El último emperador inca fue Atahualpa. Los españoles lo derrotaron y toda esta zona perteneció al Imperio español hasta que en 1821 Perú declaró su independencia. Desde entonces, el país ha vivido episodios de guerras, dictaduras y grupos terroristas, como Sendero Luminoso. Hoy, como sus vecinos, celebra elecciones democráticamente.

Cóndor

Lago Titicaca

La población peruana es mayoritariamente mestiza, mezcla de españoles y quechuas. Pero también llegaron muchos emigrantes de Europa, China y Japón. Por eso existe una rica variedad cultural. El principal idioma del país es el español, que es el idioma oficial. Además, el quechua y el aimara, junto con otros idiomas nativos, son co-oficiales en las regiones donde se hablan. En Perú existen alrededor de 50 lenguas indígenas diferentes.

La capital, Lima, es una de las ciudades más pobladas del continente. La ciudad tiene un gran número de museos, de galerías de arte, teatros y mucha vida nocturna. Además, el centro histórico, donde están los principales edificios y monumentos, es Patrimonio de la Humanidad desde 1991. Este centro histórico cuenta con más de 600 construcciones históricas de la época colonial. Uno de los lugares más importantes es la Plaza Mayor, donde se encuentran la catedral y numerosos edificios públicos. José de San Martín proclamó en esta plaza la independencia de Perú en 1821.

Sin embargo, la ciudad más visitada del país es Cuzco. Este nombre significa "ombligo del mundo", en quechua, la lengua de los incas. Cuzco es un ejemplo de ciudad colonial por su arquitectura y estructura. Cuzco es también Patrimonio de la Humanidad desde 1983. Entre sus bellezas, destaca la catedral y la Plaza de Armas. Además, Cuzco es la ciudad más cercana a las famosas ruinas de Machu Picchu.

Perú exporta muchos productos agrícolas, como el café o el pimentón, y también productos mineros, como la plata o el oro. En los últimos años ha experimentado un importante crecimiento económico. Sin embargo, se calcula que aún cerca del 30% de su población es pobre. La agricultura es una de las principales fuentes de ingresos del país.

La gastronomía peruana es fruto de la mezcla de culturas que se dan en el país. El plato más famoso es el cebiche, que es un plato muy parecido al sushi japonés: pescado crudo y mariscos con limón y otros ingredientes. Es un plato muy sencillo pero muy popular. También son muy características de la cultura peruana las danzas populares. Las dos danzas más importantes son la danza de las tijeras, una danza indígena donde los bailarines llevan unas tijeras enormes, y el baile de la huaconada, un baile típico de la región de Junín, en el centro de Perú. ■

DATO CURIOSO

Uno de los mayores escritores en lengua española es peruano, Mario Vargas Llosa, ganador del Premio Nobel de Literatura en 2010. Sin embargo, también es español. En 1990 se presentó a las elecciones para presidente en Perú y perdió contra Alberto Fujimori. Vargas Llosa salió del país y pidió la nacionalidad española porque Fujimori lo amenazó con quitarle la nacionalidad peruana.

Torres de Payne

Santiago de Chile

CHILE

Capital: Santiago de Chile	
Población: 17 millones	
Sistema político: república presidencialista	
Moneda: peso chileno	
Nacionalidad: chileno / chilena	
Superficie: 756.096 km²	

Chile se caracteriza por ser un país largo y estrecho: mide unos 4.200 km de largo y su anchura máxima es de unos 400 km (el mínimo es de 90 km). El país está entre la barrera de los Andes y el mar, y alcanza hasta la punta sur del continente americano.

Chile declaró su independencia en el año en 1818. Su reciente pasado es uno de los más conocidos del continente. El socialista Salvador Allende ganó las elecciones de 1970. Sin embargo, tres años más tarde murió en el Palacio de la Moneda durante el golpe de Estado de Augusto Pinochet. Este golpe de Estado fue especialmente sangriento, porque muchas personas fueron asesinadas. En la década de 1990, Chile volvió a la democracia y dejó atrás un pasado oscuro en el que no se respetaron los derechos humanos.

En el año 2006, por primera vez, una mujer llegó a ser presidenta del país: Michelle Bachelet, una médica y socialista, que fue perseguida y detenida por sus ideas durante la dictadura del general Pinochet. Hoy Chile es una democracia consolidada y un país próspero.

La ciudad más poblada del país es la capital, Santiago de Chile. Otras ciudades importantes son Valparaíso y Viña del Mar. Los Andes recorren gran parte del país y ofrecen paisajes de gran belleza. El pico más alto es el Nevado Ojos del Salado, con 6.893 m. Pero además de montañas hay también grandes desiertos, como el desierto de Atacama, en el norte del país, considerado el desierto más seco del mundo. En algunas zonas no ha llovido desde hace más de 300 años.

Chile tiene un secreto que muchas personas desconocen: en el océano Pacífico está la famosa Isla de Pascua o Rapa Nui, conocida por sus estatuas de piedra. El origen de la cultura rapa nui es aún un misterio y no se conoce la finalidad de las estatuas.

Este país ha dado grandes figuras de la literatura. Gabriela Mistral fue la primera figura latina que consiguió el Premio Nobel de Literatura. Isabel Allende, sobrina del presidente Allende, es la escritora más leída en español en la actualidad. ■

DATO CURIOSO

En 2010, 33 mineros quedaron atrapados en una mina al norte del país. Las horas finales del rescate fueron retransmitidas en directo por la televisión: más de 1.000 millones de personas vieron salir a los mineros después de casi 70 días bajo tierra.

URUGUAY

Capital: Montevideo
Población: 3,5 millones
Sistema político: república presidencialista
Moneda: peso
Nacionalidad: uruguayo / uruguaya
Superficie: 176.215 km²

Uruguay declaró su independencia en 1825. A diferencia de sus vecinos, Uruguay no se independizó del Imperio español, del que también formó parte, sino de Brasil, que había ocupado el territorio unos años antes. En la primera mitad del siglo XX, Uruguay disfrutó de estabilidad económica y política, pero en la segunda mitad del siglo vivió episodios de crisis y una dictadura militar entre 1973 y 1985. Desde los años ochenta es una democracia.

La principal ciudad, y uno de los puntos más visitados del país, es Montevideo, donde viven alrededor de dos millones de personas. Otros puntos de interés son las playas de Punta del Este y el balneario de Piriápolis. Uno de los autores más conocidos de Uruguay es Eduardo Galeano. Su obra *Las venas abiertas de América Latina* analiza la historia de los países latinos. ■

DATO CURIOSO

A principios del siglo XX, Uruguay vivió una época de prosperidad y era conocida como "la Suiza de América". Además fue uno de los primeros países en establecer la educación laica gratuita, el derecho al divorcio y el voto femenino.

Montevideo

Flamencos rosas en Campo María

PARAGUAY

Capital: Asunción
Población: 7 millones
Sistema político: república presidencialista
Moneda: guaraní
Nacionalidad: paraguayo / paraguaya
Superficie: 406.752 km²

El pasado de Paraguay es muy similar al de sus vecinos. El país declaró su independencia en 1811. Como otros países, vivió diversas guerras y vivió bajo una dictadura militar durante 35 años, desde 1964 hasta 1989. Paraguay está dividida en dos partes por el río Paraguay, que lo recorre de norte a sur: la parte este ocupa un 40% del territorio, pero tiene más del 90% de la población, mientras que la parte oeste apenas está poblada. La capital, Asunción, se encuentra en el este y tiene más de dos millones de habitantes.

Cerca del 75% de la población de Paraguay es mestiza. La principal etnia del país es la guaraní. También a este país llegaron muchos emigrantes en el pasado, especialmente alemanes, italianos, árabes y asiáticos. ■

DATO CURIOSO

La bandera de Paraguay es una de las tres banderas nacionales en todo el mundo (junto a las de Arabia Saudí y Moldavia) que no tiene las dos caras iguales: en un lado hay un escudo y en el otro hay un león.

Faro del Fin del Mundo (Ushuaia)

ARGENTINA

Capital: Buenos Aires

Población: 40 millones

Sistema político: república federal

Moneda: peso argentino

Nacionalidad: argentino / argentina

Superficie: 2.780.400 km²

Glaciar Perito Moreno

Argentina no posee un pasado indígena tan rico como otros países del continente. Desde el siglo XVI, el país perteneció al Imperio español, y declaró su independencia el 9 de julio de 1816. El siglo XX trajo a Argentina numerosos golpes de Estado y represiones, que aún hoy están en la memoria de muchos argentinos. En ese siglo también surgió una de las figuras más admiradas por el pueblo argentino, Eva Perón (Evita), personaje que ha inspirado numerosos libros y películas: una de las versiones más famosas está protagonizada por Madonna y el actor Antonio Banderas.

Avenida 9 de Julio

Casa Rosada de Buenos Aires

Milonga en Buenos Aires

Argentina es uno de los países más grandes del mundo (el octavo más grande). El país puede dividirse en tres zonas diferentes. Las llanuras dominan en el norte y en el centro; las montañas ocupan la parte este; y las mesetas aparecen en el sur. Por este motivo, los paisajes de Argentina son muy variados: podemos encontrar bosques, praderas, junglas y también glaciares, como el famoso Perito Moreno, posiblemente el glaciar más bello del mundo. En el norte de Argentina encontramos bosques tropicales. Allí se encuentran las famosas cataratas de Iguazú, situadas en el distrito de Misiones en la frontera de Argentina con Brasil y Paraguay. Al sur del país, en la ciudad de Ushuaia, termina América, más allá solo está la Antártida.

Millones de personas visitan el país cada año, atraídos por sus numerosos encantos. Además, cada vez más estudiantes escogen este país para aprender español.

Buenos Aires es una de las ciudades más cosmopolitas y vivas del continente americano. La ciudad está llena de monumentos, bares, cafés y teatros. Por este motivo, mucha gente llama a Buenos Aires "el París del Sur". Además, muchos europeos, sobre todo italianos y españoles, emigraron a Argentina, por lo que el "carácter europeo" es muy visible.

La ciudad comenzó a desarrollarse alrededor de la actual Plaza de Mayo. En esta zona se encuentran algunos de los edificios más importantes de la ciudad, como la Casa Rosada, el lugar de residencia y trabajo del presidente, y la Catedral Metropolitana.

Una de las principales avenidas que cruza la ciudad es la Avenida de Mayo. En esta avenida se encuentran algunos de los puntos turísticos más importantes de la ciudad, como el majestuoso Palacio del Congreso; el Palacio Barolo, que fue el edificio más alto de la ciudad cuando se inauguró en 1923; o el famoso Café Tortoni. Este café es muy conocido por ser un foco cultural y porque en sus mesas han estado los principales intelectuales y artistas de la historia del país, como los escritores Julio Cortázar y Jorge Luis Borges. Otra avenida muy importante es la Avenida del 9 de Julio, con su impresionante obelisco en

El Chaltén

el centro. Cerca de este monumento se encuentra el Teatro Colón, uno de los mejores teatros de ópera del mundo.

Otras zonas muy visitadas son el Barrio de Recoleta, donde hay muchas instituciones culturales; y el barrio de La Boca, el barrio donde se instalaron los inmigrantes, sobre todo italianos, que llegaban al país. En este barrio se encuentra una de las zonas más pintorescas de la ciudad: Caminito, una calle de vivos colores que muchos consideran un museo al aire libre, ya que se conserva una pequeña muestra de las casas donde vivían aquellos emigrantes que llegaron a Buenos Aires a principios del siglo XX. Estas casas típicas se llaman "conventillos".

Otras ciudades importantes son Córdoba y Mendoza. Córdoba está en el centro del país y es un importante centro estudiantil. Su universidad, una de las más antiguas de América, atrae cada año a miles de estudiantes. Mendoza también es la capital del vino del país: la región tiene grandes cantidades de viñedos y produce la mayor parte de los vinos de Argentina.

Los argentinos tienen dos pasiones: el fútbol y el tango. El fútbol es el deporte más popular en el país. El futbolista más famoso es Diego Armando Maradona, considerado uno de los mejores jugadores de fútbol de la historia. Los "cinco grandes equipos del fútbol argentino", como son conocidos en el país, son el Boca Juniors, el Independiente, el Racing, el River Plate y San Lorenzo de Almagro.

El tango es la melodía de Argentina, la banda sonora de este país. El tango es un baile muy sensual y muy conocido en todo el mundo. Por su belleza y por su importancia, la UNESCO lo declaró Patrimonio Cultural Inmaterial de la Humanidad en el año 2009.

El cine argentino es uno de los más importantes de los países hispanohablantes. Algunas películas argentinas son obras maestras del cine. La primera película argentina en ganar el Oscar a la mejor película extranjera fue *La historia oficial,* en 1985. En los últimos años el cine argentino ha tenido un gran éxito y prestigio gracias a actores como Ricardo Darín, y a directores como Juan José Campanella. Precisamente, su película *El secreto de sus ojos* ganó el Oscar a la mejor película extranjera en 2010.

Argentina ha dado grandes autores de la literatura. Jorge Luis Borges y Julio Cortázar son los principales escritores argentinos. Los dos son, sobre todo, excelentes escritores de cuentos: los mejores escritores de cuentos de la historia de la literatura española. Julio Cortázar es además autor de una de las principales novelas del siglo pasado, *Rayuela.* ■

DATO CURIOSO

El cantante de tango más famoso de Argentina es Carlos Gardel, pero él no nació en Argentina. De hecho, no se sabe dónde nació. *Mi Buenos Aires querido* es uno de sus mayores éxitos.

EL ESPAÑOL EN EL MUNDO

Desfile latino, en Nueva York

El idioma español es ya utilizado por cerca de 450 millones de personas en todo el mundo. Es la segunda lengua materna más hablada, después del chino mandarín y por delante del inglés. Además, es el segundo idioma más estudiado en el mundo, después del inglés. El desarrollo del español es constante gracias a su avance natural y a medidas impulsadas por los Gobiernos de los distintos países.

Estados Unidos

En Estados Unidos, gracias a la presencia de los latinos, el español es utilizado por cerca de 50 millones de personas. Curiosamente, Estados Unidos es el segundo país del mundo con mayor número de personas que hablan español, solo por detrás de México, pero por delante de Colombia y de España. Se calcula que para el año 2050 Estados Unidos será el país donde más personas hablarán la lengua de Cervantes: 130 millones. Además, el español es el idioma extranjero más solicitado por los estudiantes en las universidades americanas. Está por delante de otras lenguas, como el francés o el alemán. Antes de que las primeras comunidades inglesas se establecieran en los Estados Unidos, los españoles habían realizado ya numerosas expediciones en el territorio estadounidense. De hecho, los españoles levantaron San Agustín en 1565, una ciudad en el estado de la Florida, que es el asentamiento europeo habitado de forma continuada más antiguo del país. En la ciudad se estableció una misión y allí se celebró la primera misa de los Estados Unidos. Así pues, de alguna manera, la lengua española se utilizó en los Estados Unidos antes que la lengua inglesa. ■

Filipinas

Las islas Filipinas deben su nombre al rey español Felipe II. La historia de este país está muy ligada a la de España, ya que no se independizó hasta 1898. Desde entonces el español ha perdido importancia en las islas, y en la actualidad no es reconocido como idioma oficial. Sin embargo, muchos nombres y apellidos aún son de origen español. Un ejemplo es el nombre de la ex presidenta Gloria Macapagal-Arroyo. Las autoridades políticas han impulsado la presencia del castellano en Filipinas en los últimos años. De hecho, Gloria Macapagal-Arroyo recibió el Premio Internacional Don Quijote en 2009 por su apoyo a la difusión del español en Filipinas. ■

Brasil

En Brasil, más de cinco millones de estudiantes aprenden español. El ex presidente de Brasil, Luiz Inácio Lula da Silva, aprobó en 2005 la "Ley del español". Esta ley obliga a todos los centros de educación secundaria a ofrecer clases de español para los estudiantes. Otros países han comenzado a aplicar poco a poco políticas educativas similares, como Filipinas, antigua colonia española. Otras zonas del mundo donde se utiliza el español son Guinea Ecuatorial y el Sáhara Occidental, también antiguas colonias españolas. ■

Sáhara Occidental

El Sáhara Occidental es una amplia zona del noroeste de África. Estuvo ocupada por España hasta 1976, cuando los españoles abandonaron este territorio por la presión de Marruecos. En ese momento España, con la intervención de la ONU, había llegado ya a un acuerdo para dar la independencia a estos territorios. Estos acuerdos de independencia con la población saharaui no sirvieron de nada y desde entonces su estatus político internacional no está definido: Marruecos considera el Sáhara parte de su territorio, mientras que los saharauis desean un país independiente. Desde entonces ha habido varias negociaciones, pero nunca se ha alcanzado un acuerdo. La población del Sáhara Occidental es aproximadamente de 300.000 personas. ■

Sáhara Occidental

Guinea Ecuatorial

Guinea Ecuatorial es otra de las antiguas colonias en territorio africano. Guinea está situada en el centro de África, tiene forma de cuadrado y es uno de los países más pequeños del continente africano. Guinea Ecuatorial consiguió su independencia en el año 1968. Este país tiene una población de menos de un millón de personas. Además del español, el francés y el portugués son idiomas oficiales. ■

El Instituto Cervantes

Para difundir el español en el mundo y la cultura española y latinoamericana, España creó en el año 1991 el Instituto Cervantes. Desde entonces, el Instituto Cervantes ha crecido y ha abierto numerosas sedes en las ciudades más importantes del mundo. En los centros del Instituto Cervantes se dan clases de español, pero también hay exposiciones, conferencias, proyecciones de cine y numerosas actividades para promocionar la cultura de España y del resto de países donde el español es lengua oficial. De este modo, se pretende dar a conocer la riqueza de la cultura latina y favorecer la expansión del español. ■

Sede del Instituto Cervantes, en Madrid.

GLOSARIO

inglés: negro
francés: rojo
alemán: azul
italiano: verde
portugués: marrón

JAVIER BARDEM (p. 10)

1 hundido: deep set / enfoncé / eingefallen / incavato / afundado **2 matón**: thug / tueur / Schläger / bullo / capanga **3 pegar**: to hit / donner / reinhauen / picchiare / golpear **4 puñetazo**: to punch / coup de poing / Fausthieb / pugno / soco **5 candidato**: candidate / candidat / Kandidat / candidato / candidato **6 tipo duro**: tough guy / dur, casseur / harter Kerl / tipo duro / cara durão **7 tierno**: tender / tendre / zärtlich / tenero / tenro **8 interpretar**: to act / interpréter / darstellen / interpretare **9 poeta**: poet / poète / Poet / poeta / **10 nominación**: nomination / nomination / Nominierung / candidatura / nomeação **11 papel**: role / rôle / Rolle / ruolo / papel **12 mejor actor de reparto**: best supporting actor / meilleur acteur secondaire / bester Nebenrollendarsteller / miglior attore secondario / melhor ator coadjuvante **13 valor**: value / valeur / Wert / valore

NUEVA YORK, CAPITAL CULTURAL LATINA (p. 15)

1 rascacielos: skyscraper / gratte-ciel / Wolkenkratzer / grattacieli / arranha-céu **2 escultura:** sculpture / sculpture / Skulptur / scultura / **3 cuadro:** painting / tableau / Bild / quadro / quadro **4 cabalgata de Reyes:** Three Kings parade / parade des Rois Mages / Drei-Königs-Parade / la sfilata dei Re Magi / terno de reis **5 gira:** concert tour / tournée / Konzerttournee / tournée / turnê **6 bachata** y **merengue:** Carribean rhythms / rhytmes caribéen / karibische Musik- und Tanzrichtungen / baciata e merenghe / bachata e merengue **7 cantautor:** singer-songwriter / auteur-compositeur-interprète / Liedermacher / cantautore / cantor e compositor **8 letra:** song lyrics / paroles / Liedtext / parole / **9 caribeño:** Caribbean / caribéen / karibisch / caraibico / caribenho **10 bilingüe:** bilingual / bilingue / bilingual / bilingue / bilíngüe **11 ciberespacio:** cyberspace / cyberespace / Cyberspace / spazio cibernetico / ciberespaço **12 canal:** TV or radio channel / chaîne de TV / Radio- oder Fernsehkanal / canale televisivo

EL *GUERNICA* DE PICASSO: HISTORIA DE UN CUADRO (p. 20)

1 encargar: to commission / commander / in Auftrag geben / commissionare / encarregar **2 malagueño:** from Málaga / de Malaga / aus Malaga / originario di Malaga / de Málaga **3 pabellón:** pavilion / pavillon / Pavillon / padiglione / pavilhão **4 legítimo:** legitament / légitime / legitim / legittimo **5 bombardeo:** bombardment / bombardement / Bombardement / bombardamento / bombardeio **6 vasco:** Basque / basque / baskisch / basca / basca **7 enseguida:** at once / tout de suite / sofort / immediatamente / imediatamente **8 escenario:** setting / lieu / Schauplatz / luogo / cenário **9 espada:** sword / épée / Schwert / spada **10 partido:** broken / cassée / gebrochen / spezzata / quebrada **11 ponerse a salvo:** to seek refuge / se mettre à l'abri / sich in Sicherheit bringen / mettersi in salvo / pôr em salvo **12 transcurrir:** to take place / avoir lieu / stattfinden / svolgersi / transcorrer **13 auxilio:** help / secours / Hilfe / aiuto / ajuda **14 consuelo:** consolation / consolation / Trost / consolazione / consolação **15 regresar:** to return / retourner / zurückkehren / ritornare / voltar **16 doblarse:** to fold / plier / falten / piegarsi / dobrar-se **17 traslado:** removal / déménagement / Umzug / spostamento **18 reclamar:** to claim / réclamer / verlangen / esigere **19 polémica:** controversy / polémique / Polemik / disputa / polêmica **20 perjudicar:** to be detrimental / endommager / schädigen / danneggiare / prejudicar **21 delicado:** fragile / fragile / fragil / fragile

LAS MUJERES EN EL CINE DE ALMODÓVAR (p. 26)

1 obsesión: obsession / obsession / Besessenheit / ossessione / obssesão **2 de pequeño:** as a child / quand il était petit / als Kind / da piccolo / quando pequeno **3 romance:** love affair / idylle / Liebesaffäre / storia d'amore / história de amor **4 celos:** jealousy / jalousie / Eifersucht / gelosie / ciúmes **5 complejo:** inferiority complex / complexe / Minderwertigkeitskomplexe / complessi, insicurezze / complexo **6 etapa:** period / étape / Phase / periodo **7 respetar:** to respect / respecter / respektieren / rispettare / respeitar **8 completarse:** to complete one another / se compléter / sich ergänzen / completarsi / completar-se **9 patio:** patio / cour / Innenhof / cortile / pátio **10 funeral:** funeral / funérailles / Begräbnis / funerale **11 humor negro:** black humor / humour noir / schwarzer Humor / umore nero **12 intriga:** suspense / intrigue / Intrige / intrigo **13 sobrenatural:** supernatural / surnaturel / übernatürlich / soprannaturale **14 ganar:** to win / gagner / gewinnen / vincere / ganhar **15 discurso de agradecimiento:** acceptance speech / discours de remerciement / Dankesrede / discorso di ringraziamento / discurso de agradecimento **16 rezar:** to pray / prier / beten / pregare **17 premio:** prize / prix / Auszeichnung / premio / prêmio **18 ayudar hasta lo imposible:** to help as much as possible / aider au maximum / so gut wie möglich helfen / aiutare fino all'ultimo / ajudar o máximo **19 convencional:** conventional / conventionnel / konventionell / convenzionale

GABRIEL GARCÍA MÁRQUEZ: OCHENTA AÑOS CONTANDO HISTORIAS (p. 34)

1 clave: very important / clef / sehr wichtig / determinante / determinante **2 ruinas:** ruins / ruines / Ruinen / macerie / ruínas **3 caserón:** large house / batîsse / großes Haus / casermone / casarão **4 atormentado:** tormented / tourmenté / gequält / tormentato **5 duelo:** duel / duel / Duell / duello **6 obra maestra:** masterpiece / chef d'oeuvre / Meisterwerk / capolavoro / obra-prima **7 mito:** myth / mythe / Mythos / mito **8 hada:** fairy / fée / Fee / fata / fada **9 tirada:** print-run / tirage / Ausgabe / stampa / tiragem

RAFA NADAL: UN NÚMERO 1 (p. 39)

1 disciplina: discipline / discipline / Disziplin / disciplina **2 premio:** prize / prix / Preis / premio / prêmio **3 vencer:** to win / gagner / besiegen / vincere **4 torneo**: tournament / tournoi / Turnier / torneo / torneio **5 gatear:** to crawl / marcher à quatre pattes / krabbeln / andare a gattoni / andar em gatinhas **6 aficionado:** fan / fan / Fan / tifosi / torcedore **7 madurar:** to mature / mûrir / reifen / maturare / amadurecer **8 entrenador:** coach / entraîneur / Trainer / allenatore / treinador **9 escondite:** hide-and-seek / cachette / Versteckspiel / nascondino / esconde-esconde **10 consola:** videogame console / console de jeux vidéo / Spielkonsole / videogiochi / console **11 dócil**: obedient / docile / folgsam / ubbidiente **12 manga:** sleeve / manche / Ärmel / manica / eliminatória **13 cancha:** tennis court / court / Spielfeld / campo / quadra **14 merecer:** to deserve / mériter / verdienen / meritarsi **15 temporada:** season / saison / Saison / stagione **16 tierra batida:** clay court / terre battue / Sandplatz / terra / terra batida **17 apoyar:** to support / soutenir / unterstützen / appoggiare, dare supporto / apoiar **18 raqueta:** tennis raquet / raquette / Tennisschläger / racchetta / raquete **19 mando:** remote control / télécommande / Fernbedienung / telecomando / contrôle remoto

SOLIDARIDAD EN VACACIONES (p. 48)

1 voluntariado: volunteer work / volontariat / Freiwilligenarbeit / volontariato / **2 trasladarse:** to move / se déplacer / umziehen / trasferirsi / trasladar-se **3 barrio:** neighborhood / quartier / Viertel / quartiere / bairro **4 compromiso social:** social responsibility / compromis social / soziale Verantwortung / impegno sociale / compromisso social **5 cooperante:** volunteer / coopérant / Freiwilligenhelfer / volontario **6 alojamiento:** lodging / hébergement / Unterkunft / alloggio / alojamento **7 lujo:** luxury / luxe / Luxus / lusso / luxo **8 desempleado**: unemployed person / chômeur / Arbeitsloser / disoccupato / desempregado **9 medio ambiente:** environment / environnement / Umwelt / ecologia / meio ambiente **10 fachada:** façade / façade / Fassade / facciata / **11 conservación:** conservation / conservation / Erhaltung / protezione / conservação **12 tareas extraescolares:** homework / devoirs / Hausaufgaben / attivitá extrascolari / atividades extra-curriculares **13 cabello:** hair / cheveux / Haar / capelli / cabelo **14: charla:** talk / discours / Vortrag / conferenze / conferência **15 seguro:** safe / sûr / sicher / sicuro / a salvo **16 recorrer:** to travel about / parcourir / herumreisen / percorrere / percorrer

YO, ROBOT (p. 54)

1 década: decade / décennie / Jahrzehnt / decennio **2 obediente:** obedient / obéissant / gehorsam / ubbidiente **3 autoconsciencia:** self-awareness / autoconscience / Selbstverständnis / autocoscienza / autoconsciência **4 intentar:** to try / essayer / versuchen / provare / tentar **5 cerebro:** brain / cerveau / Gehirn / cervello / cérebro **6 aparato:** device / appareil / Gerät / apparecchi / aparelho **7 pila:** battery / pile / Batterie / pila / pilha

REDES SOCIALES: AMIGOS "EN LA RED" (p. 58)

1 pantalla: screen / écran / Bildschirm / schermo / tela **2 agrupación:** community / groupe / Gruppen / gruppo / agrupamento **3 ciberespacio:** cyberspace / cyberespace / Cyberspace / spazio cibernetico / ciberespaço **4 temático:** thematic / thématique / Themen / tematico **5 servicio de mensajería:** messaging service / service de messagerie / Nachrichtenversand / servizio di sms / serviço de mensageria **6 instantáneo:** instant /instantané / sofort / inmediato **7 discreto:** prudent / prudent / diskret / discreto / discreto **8 colgar:** to upload / téléverser / hochladen / pubblicano / subir

ARQUITECTURA Y MEDIO AMBIENTE: ENTREVISTA A CÉSAR RUIZ-LARREA (p. 63)

1 arquitectura: architecture / architecture / Architektur / architettura / arquitetura **2 medio ambiente:** environment / environnement / Umwelt / ecologia / meio ambiente **3 vivienda:** housing / logement / Wohnung / casa / moradia **4 habitabilidad:** habitability / habitabilité / Bewohnbarkeit / vivibilitá / habitabilidade **5 resolver:** to solve / résoudre / lösen / risolvere **6 entorno:** surroundings / entourage / Umwelt / contesto / ambiente **7 deterioro:** deterioration / détérioration / Zerstörung / degrado

/ deterioração **8 mentalizar:** to make aware / mentaliser / bewusstmachen / sensibilizzare / conscientizar **9 derrochar:** to waste / gaspiller / verschwenden / sprecare / esbanjar **10 renovable:** renewable / renouvelable / erneuerbar / rinnovabile / renovável **11 Navarra:** region in northern Spain / Navarre / Region im Norden Spaniens / regione della Navarra / região autônoma da Espanha **12 Pamplona:** capital of Navarra / Pampelune / Hauptstadt von Navarra / cittá di Pamplona / capital de Navarra **13 aprovechar:** to make use of / profiter / nutzen / sfruttare / aproveitar **14 lograr:** to attain / parvenir à / erreichen / ottenere / conseguir **15 ahorrar:** to save / économiser / sparen / risparmiare / economizar **16 refrigerar:** to chill / réfrigérer / kühlen / rinfrescare **17 saludable:** healthy / sain / gesund / sano / saudável

EL CAMINO DE SANTIAGO: EL CAMINO DE LAS ESTRELLAS (p. 68)

1 peregrino: pilgrim / pèlerin / Pilger / pellegrino / peregrino **2 sepulcro:** tomb / tombe / Grabstätte / sepolcro / túmulo **3 indulgencia plena:** full pardon / pleine indulgence / voller Schuldenablass / grazia / indulgência plenária **4 obispos andaluces:** Andalusian bishops / évêques andalous / andalusische Bischöfe / vescovi andalusi / bispos andaluzes **5 transitar:** to traverse / traverser / beschreiten / percorrere / circular **6 ruta:** route / route / Route / itinerario / rota **7 albergue:** hostel / auberge / Herberge / ostello **8 sellar:** to stamp / tamponner / abstempeln / bollare / selar **9 románico:** Romanesque, medieval architectural style / roman / romanisch / romanico / românico **10 íntimo:** intimate / intime / intim / intimo / **11 ritual:** ritual / rituel / Ritual / rito **12 apoyar:** to lean / appuyer / abstützen / appoggiare / apoiar **13 columna:** column / colonne / Säule / colonna / coluna **14 chocar:** to bump / heurter / stoßen / sbattere / bater **15 talento:** talent / talent / Talent / talento / aptidão **16 decadencia:** decline / déclin / Verfall / declino / decadência **17 recuperarse:** to recover / se récupérer / sich erholen / recuperarsi / recuperar-se **18 declarar:** to declare / déclarer / erklären / dichiarare

MONTEVIDEO: LA CIUDAD DEL ALEGRE PORVENIR (p. 75)

1 porvenir: future / avenir / Zukunft / futuro / porvir **2 atardecer:** to grow dark / à la tombée du jour / dämmern / tramonto / entardecer **3 confundirse:** to confuse with / se confondre / verschmelzen / confondersi / confundir-se **4 cegar:** to blind / aveugler / blenden / accecare **5 termo:** thermos / thermos / Thermoskanne / termos / garrafa térmica **6 mate:** tea-like drink prepared from yerba mate leaves / maté / Mate / erba mate / chá mate **7 narrador:** narrator / narrateur / Erzähler / narratore **8 barrio:** neighborhood / quartier / Viertel / quartiere / bairro **9 milonga:** Tango bar / Milonga / Tangobar / il ballo milonga / bar de tango **10 antepasado:** ancestor / ancêtre / Vorfahren / antenato / antepassado **11 hacer la América:** to emigrate to America in hopes of striking it rich / partir pour l'Amérique / das Glück in Amerika suchen / cercare fortuna in America / fazer fortuna em América **12 década:** decade / décennie / Dekade / decennio **13 residir:** to live, reside / habiter / leben / vivere / viver **14 anochecer:** to grow dark, become nighttime / à la tombée de la nuit / Nacht werden / imbrunire / anoitecer

MARAVILLAS QUE HABLAN ESPAÑOL (p. 81)

1 invasor: invader / envahisseur / Angreifer / invasore **2 sobre todo:** above all / surtout / vor allem / soprattutto / sobre tudo **3 escalón:** step / echelon / Stufe / scalino / degrau **4 cima:** peak / cime / Spitze / vetta / cume **5 cordillera:** mountain range / chaîne de montagnes / Bergkette / cordigliera / cordilheira **6 escondite:** hiding place / cachette / Versteck / nascondiglio / esconderijo **7 estadounidense:** from the United States / américain / US-amerikanisch / Americano / estadunidense **8 orilla:** shore / bord / Ufer / sponda / margem **9 colina:** hill / colline / Hügel / collina **10 tono rojizo:** reddish color / rougeâtre / rötlicher Farbton / rossiccio / tom avermelhado **11 arcilla:** clay / argile / Lehm / argilla / argila **12 fortaleza:** fort / forteresse / Festung / fortezza **13 esplendoroso:** magnificent / splendide / glanzvoll / magnifico **14 nazarí:** last of the Kingdom of Granada's Arab dynasties / nasride / Nasride / musulmano di Granada / última dinastia do reino árabe em Granada **15 destierro:** exile / exil / Exil / esilio/ desterro **16 suspirar:** to sigh / soupirer / seufzen / sospirare

TANGO EN BUENOS AIRES (p. 87)

1 albergue: hostel / auberge / Herberge / ostello **2 milonga:** Tango bar / Milonga / Tangobar / il ballo milonga / bar de tango **3 rioplatense:** from the Río de la Plata area, ie, Buenos Aires / du Río de La Plata / aus der Gegend um den Rio de la Plata / originario del Rio de la Plata / de Río de la Plata, Buenos Aires **4 enlazado:** united / enlacé / ineinander verschlungen / unita strettamente / enlaçado **5 compás:** rhythm / rythme / Rhythmus / ritmo / compasso **6 letra:** song lyric / paroles / Liedtext / parola **7 asado:** grilled meat / rôti / Braten / carne alla griglia / assado **8 lunfardo:** Italianate dialect spoken by some in Buenos Aires / lunfardo, argot / Varietät des Spanischen, auch als Sprache des Tango bezeichnet / gergo usato a Buenos Aires / gíria falada em Buenos Aires **9 casona:** large house / grande maison / Herrschaftshaus / villa di campagna / casa grande **10 contratar:** to contract / payer / beauftragen / assumere **11 tacos:** in Argentina, high-heeled shoes / hauts talons / hochhackige Schuhe / tacchi / saltos **12 tamangos:** men's Tango-dancing shoes / chaussures / Tangotanzschuhe für Männer / scarpe maschili da tango / sapato masculino de tango **13 parrillada:** barbecue / grillade / Grillparty / grigliata / churrasco **14 gaucho:** Argentinean cowboy / gaucho / argentinischer Cowboy / gaucho / gaúcho **15 armonía:** harmony / harmonie / Harmonie / armonia / harmonia

DÍA DE MUERTOS EN MÉXICO (p. 94)

1 figurita: figure / figurine / Figur / statuina / estatuetas **2 humo:** smoke / fumée / Rauch / fumo / fumaça **3 esqueleto**: skeleton / squelette / Skelett / scheletro **4 calavera**: skull / tête de mort / Totenschädel / teschio / caveira **5 motivo**: motive / motif / Motiv / motivo / motivo **6 poema**: poem / poème / Gedicht / poesia **7 alma**: soul / âme / Seele / anima **8 difunto**: deceased / défunt / Verstorbener / defunto / defunto **9**: **tamal:** cornmeal pastry filled with meat or vegetables / tamal, papillote / in ein Maisblatt gewickeltes Gericht aus Mais und anderen Beilagen / involtino tipico della cucina sudamericana / comida típica sul-americana **10 caldo**: broth / bouillon / klare Suppe / brodo **11**: **esencia**: essence / essence / Essenz / essenza / essência **12 altar**: altar / autel / Altar / altare **13 recordar**: to remember / se souvenir / erinnern / ricordare / lembrar **14 ofrenda**: offering / offrande / Opfergabe / offerta / oferenda **15 nivel**: level / niveau / Stufen / livello / nível **16 etapa**: stage / étape / Etappe / fase **17 fabricar**: to make / fabriquer / herstellen / costruire / **18 estructura**: structure / structure / Struktur / struttura / estrutura **19 cartón**: cardboard / cartón / Karton / cartone / papelão **20 barrer**: to sweep / balayer / fegen / scopare / varrer **21 disfrutar**: to enjoy / jouir / genießen / godere / desfrutar **22 culturas prehispánicas**: pre-Columbian / cultures préhispaniques / prähispanische Kulturen / culture preispaniche / culturas pré-hispânicas **23 antepasado**: ancestor / ancêtre / Vorfahren / antenato / antepassado

NAVIDADES CON CARÁCTER LATINO (p. 99)

1 villancico: Christmas carol / chant de Noël / Weihnachtslied / canto natalizio / canção de Natal **2 figurita**: figure / figurine / Figur / statuina / figurinha **3 mula:** mule / mule / Maultier / asino **4 buey:** ox / bœuf / Ochse / bue / boi **5 pastor:** shepherd / berger / Hirte / pastore **6 langostino:** prawn / grosse crevette / Riesengarnele / gambero / camarão **7 pavo:** turkey / paon / Truthahn / tacchino / peru **8 campanada:** chime / coup de cloche / scampanata / badalada **9 churro:** in Spain, strip of fried dough typically dipped in hot chocolate / long beignet cylindrique / in Öl frittiertes Gebäck, wird in heiße Schoklolade getaucht gegessen / frittella a forma di tubo, tipica spagnola **10 bollo:** sweet bun / pain au lait / Milchbrötchen / dolce / bolo **11 cabalgata de los Reyes Magos**: parade featuring the Three Kings on horseback / parade des Rois Mages / Drei-Königs-Umzug / sfilata dei Re Magi / terno de Reis **12 camello:** camel / chameau / Kamel / cammello / camelo **13 sorteo:** lottery / lotterie / Lotterie / sorteggio della lotteria / sorteio **14 intentar:** to try / essayer / versuchen / tentare / tentar **15 pasas:** raisins / raisins secs / Rosinen / uva passa / uvas passas **16 brindar:** to drink a toast / trinquer / anstoßen / brindare **17 fuegos artificiales:** fireworks / feux d'artifice / Feuerwerk / fuochi d'artificio / fogos de artifício **18 practicante:** devotee / pratiquant / ausübend / praticante / praticante **19 caracol:** snail / escargot / Schnecke / lumaca / escargot **20 piñata:** candy-filled papier-maché animal / piñata / mit Süßigkeiten gefüllter Tierkopf aus Pappmache / gioco tipico messicano, contenitore di cartapesta pieno di caramelle / jogo em que, de olhos vendados, deve-se quebrar um recipiente pendurado, cheio de doces **21 peregrinación:** pilgrimage / pèlerinage / Pilgerfahrt / pellegrinaggio / peregrinação **22 posada:** inn / hébergement / Gasthaus / locanda / pousada **23 rosario:** rosary / chapelet / Rosenkranz / rosario / rosário **24 Misa del Gallo:** midnight Mass / messe de minuit / Weihnachtsmette / Messa di mezza notte / missa do galo **25 pesebre:** manger / crèche / Krippe / presepe / presépio **26 descendiente:** descendant / descendant / Nachfahren / discendente / descendente **27 cochinillo:** suckling pig / cochon de lait / Milchferkel / maialino al forno / leitão **28 barrio:** neighborhood / quartier / Viertel / quartiere / bairro **29 sobrar:** to be more than enough of something / rester, avoir en trop / übrig bleiben / avanzare **30 retransmitir:** to broadcast / retransmettre / ausstrahlen / trasmettere

EL ORIGEN DEL FLAMENCO (p. 107)

1 cante: flamenco song, art of flamenco / flamenco / Flamencogesang / canzone flamenca / canto flamenco **2 cantaor:** flamenco singer / chanteur de flamenco / Flamencosänger / cantante di flamenco / cantador flamenco **3 profundizar:** to study in depth / approfondir / vertiefen / analizzare a fondo / aprofundar **4 casta:** cast, social group / lignée / soziale Schicht / casta **5 recorrer:** to travel / parcourir / zurücklegen / percorrere / percorrer **6 dureza:** endurance / dureté / Härte / fermezza **7 orgullo:** pride / fierté / Stolz / orgoglio / orgulho **8 altanería:** arrogance / suffisance / Hochmut / alterigia / altanaria **9 Inquisición:** Inquisition / Inquisition / Inquisition / Inquisizione / inquisição **10 caníbal:** cannibal / cannibale / Kannibale / cannibale / canibal **11 hechizo:** magic spell / envoûtement / Zauber / sortilegio / feitiço **12 hogar:** home / foyer / Wohnstätte / dimora / lar **13 resignación:** resignation / résignation / Resignation / rassegnazione / resignação **14 intransigencia:** inflexible / intransigeance / Unversöhnlichkeit / intolleranza / intransigência **15 rebeldía:** rebelliousness / révolte / Aufsässigkeit / l'essere ribelle **16 mezclar:** to mix / mélanger / mischen / mescolare / misturar **17 morisco:** Moor, of Arabic origin / Maure / maurisch / moro convertito / mourisco **18 frágil:** fragile / fragil / zerbrechlich / fragile **19 tímido:** shy / timide / schüchtern / timido **20 ternura:** tenderness / tendresse / Zärtlichkeit / tenerezza **21 rabia:** anger / rage / Zorn / rabbia / raiva

RODRIGO DÍAZ DE VIVAR: EL CID CAMPEADOR (p. 113)

1 leyenda: legend / légende / Legende / leggenda / lenda **2 recogido:** featured / recuelli / aufgenommen / raccolta / recolhido **3 héroe:** hero / héros / Held / eroe / herói **4 corte:** court / cour / Hof / corte **5 recuperar:** to recover / récupérer / zurückerobern / recuperare **6 guerrero:** warrior / guerrier / Krieger / guerriero / guerreiro **7 campo de batalla:** battlefield / champ de bataille / Schlachtfeld / campo di battaglia / campo de batalha **8 jurar:** to swear / jurer / schwören / giurare **9 asesinato:** murder / assassinat / Ermordung / omicidio / assassinato **10 considerar:** to think / considérer / denken / considerare **11 destierro:** exile / exil / Exil / esilio / desterro **12 musulmán:** Muslim / Musulman / Moslem / mussulmano / muçulmano **13 conquistar:** to conquer / conquérir / erobern / conquistare **14 reconciliarse:** to reconcile / se réconcilier / sich versöhnen / riconciliarsi / reconciliar-se **15 servir:** to serve / servir / dienen / servire, essere fedele **16 extenso:** lengthy / étendue / lang / estesa **17 manuscrito:** manuscript / manuscrit / Manuskript / manoscritto **18 copista:** scribe / copiste / Kopist / scribano **19 juez:** judge / juge / Richter / giudice / juiz **20 clérigo:** priest, cleric / clergé / Geistlicher / chierico / **21 injustamente:** unjustly / injustement / ungerechtfertigt / ingiustamente **22 perdón:** pardon / pardon / Begnadigung / perdono / perdão **23 infante:** prince, or child of noble / infant / Infant / figlio del re di Spagna **24 golpear:** to hit / battre / schlagen / picchiare / bater **25 abandonar:** to abandon / abandonner / sich selbst überlassen / abbandonare **26 duelo:** duel / duel / Duell / duello **27 vencer:** to defeat / vaincre / besiegen / sconfiggere **28 esfuerzo:** effort / effort / Anstrengung / sforzo / esforço **29 valor:** courage / courage / Mut / coraggio / coragem **30 enfrentarse:** to confront / affronter / sich konfrontieren mit / affrontare / enfrentar **31 alejar:** to banish, remove / éloigner / entfernen / allontanare / afastar **32 rodar:** to shoot a movie / tourner un film / einen Film drehen / girare un film / filmar